La diversification alimentaire pour les tout-petits

marabout family

La diversification alimentaire pour les tout-petits

Jean-Frédéric et
Anne-Laure Navarre

Photographies de
Myriam Gauthier-Moreau

marabout family

INTRODUCTION

Et voilà ! Ils n'ont pas été faciles, ces derniers mois ! L'arrivée de bébé dans votre foyer a été un vrai bouleversement ! Les nuits souvent courtes, les journées désormais rythmées par les pleurs, les repas, les couches, les pleurs (si, si, encore), mais aussi, et surtout, la découverte, les tendres câlins, les caresses, les regards, les premiers sourires, les premiers échanges...

Vous commencez (enfin !) à prendre vos marques avec votre petit bout. Le bain, les promenades, le rythme des repas : les biberons, que vous préparez maintenant fièrement avec une seule main, même en pleine nuit... ou l'allaitement, qui n'a (presque) plus de secrets pour vous !

Et là, surprise ! Que vous apprend votre pédiatre ce matin à la visite de bébé ? Que vous allez pouvoir commencer la diversification alimentaire ! Cela a l'air d'être une bonne nouvelle. Faire découvrir à votre enfant de nouvelles saveurs, l'initier à la gastronomie, partager des repas ensemble... sur le papier, l'idée est géniale ! Mais dans le même temps, se posent des dizaines de questions : qui ? que ? quoi ? comment ? quand ? (Enfin, à peu de chose près, c'est ça !)

Dans ce livre, j'ai eu envie de vous donner des repères pratiques, mais aussi quelques expériences personnelles, pour faire de cette nouvelle étape avec bébé un moment de plaisir et de découverte. Par ailleurs, je préfère remplacer le terme de « diversification alimentaire » par celui d'« éveil au goût », car c'est vraiment ce qui se passe pendant ces semaines d'« exploration » !

Qu'est-ce que le goût ?

On en parle beaucoup, mais en réalité qu'est-ce que le goût ? Le goût permet de reconnaître la saveur des aliments grâce à la stimulation des papilles localisées sur toutes les zones de la langue. Certaines papilles distinguent les différents goûts et d'autres distinguent le chaud et le froid.

Quatre goûts primaires ont été différenciés :

- le sucré, comme le saccharose (sucre) ;
- le salé, comme le chlorure de sodium (sel de table) ;
- l'amer, comme la quinine ;
- l'acide, comme le citron.

Récemment, un cinquième goût a été identifié : l'*umami*. Ce mot japonais signifie « délicieux ». L'*umami* est en fait le glutamate de sodium, souvent ajouté aux aliments industriels comme exhausteur de goût.

Mais d'autres saveurs existent, telles que :

- la saveur astringente (thé, vin rouge) ;
- la saveur piquante (piment, poivre) ;
- les saveurs métalliques (sulfate ferreux) ;
- la saveur grasse ;
- la saveur de l'amidon.

Ce qui est magique dans la dégustation des aliments, c'est que tous nos sens sont, de manière consciente ou inconsciente, concernés. C'est ce qu'on appelle une « expérience multi-sensorielle ».

On sait que les papilles apparaissent dès les premières semaines du développement du fœtus. Le goût est, juste après le toucher, l'un des premiers sens fonctionnels durant la grossesse. Au début du troisième trimestre, bébé est déjà capable de mémoriser des arômes. On s'aperçoit aussi que les papilles, tout comme les neurones, sont plus nombreuses à la naissance et dégénèrent tout le reste de la vie !

On comprend donc facilement que les préférences alimentaires se jouent dès la naissance, et même dans les dernières semaines de la grossesse. D'ailleurs, on sait aussi que le bout des seins d'une jeune accouchée secrète une odeur similaire au liquide amniotique, ce qui attire naturellement le nouveau-né. Dans la continuité, au cours de l'allaitement, le goût du lait change selon l'alimentation de la maman, permettant déjà à bébé de découvrir les différentes saveurs.

Cependant, rassurez-vous, en matière de goût, tout ne se joue pas forcément autour de la naissance ! Le goût s'éduque durant l'enfance, puis s'affine et se cultive tout au long de la vie.

Il est d'ailleurs très culturel et dépendant des habitudes alimentaires de la famille... et aurait même des prédispositions génétiques ! Par exemple, on a pu observer que les enfants indiens ont une sensibilité particulière au curry (habitués par l'alimentation maternelle), ce qui n'est pas le cas d'un petit Américain. De même et avec d'autres conséquences, un enfant qui a été habitué à manger sucré et à grignoter dès son plus jeune âge aura énormément de mal à changer cette habitude.

Il est également vrai que l'espèce humaine a une préférence innée pour le sucré et une aversion primaire pour l'amer. Cela vient de l'évolution humaine qui nous a fait préférer les saveurs sucrées, riches en énergie, et nous méfier des saveurs amères qui auraient pu être du poison. L'amer, l'acide, le salé sont des goûts que l'enfant apprendra à apprécier tout au long de sa vie et, bien souvent, suivant les codes culturels et familiaux qui l'entourent.

Enfin, l'enfant (comme tous les petits animaux) a une méfiance naturelle envers les nouveaux aliments. C'est en lui apprenant à les apprivoiser et en lui donnant le plaisir de manger qu'il pourra développer sa culture du goût.

À savoir

Attention, lorsqu'on parle de nombre de mois, on parle en mois révolus. Ainsi, 4 mois = 4 mois révolus, ce qui correspond au début du 5e mois; par exemple, si bébé est né le 1er juillet, je peux commencer la diversification début novembre.

Les grands principes de la diversification

Pourquoi?

Jusqu'à 4 mois, le lait maternel et/ou le lait 1er âge sont le seul et unique aliment utile et indispensable à l'alimentation de bébé.

Vers 4-6 mois, les besoins nutritionnels de votre enfant augmentent. Il est donc nécessaire de lui apporter une alimentation dite « solide », complémentaire à l'apport lacté unique qu'il avait jusqu'à présent.

Les recommandations pédiatriques évoluent et changent régulièrement. Ces vingt dernières années, il était fortement recommandé d'éviter l'introduction d'aliments autres que le lait les six premiers mois. Le but était d'éviter des allergies alimentaires précoces. Cependant, l'effet a été inverse, et des études ont démontré que l'introduction tardive des aliments augmentait significativement les allergies chez les enfants. Il est donc désormais reconnu et recommandé d'introduire les légumes et les fruits entre les 4 mois révolus et les 6 mois révolus de l'enfant.

Pourquoi attendre 4 mois révolus ? Tout d'abord parce qu'avant 4 mois, l'enfant n'est pas en mesure de digérer autre chose que du lait. Ensuite, son réflexe de succion empêche le mouvement de mastication, et le risque de fausse route est important. Vous pourrez d'ailleurs remarquer, lors de l'introduction des premières cuillerées, que l'enfant tète sa cuillère.

Pourquoi avant 6 mois ? De nombreuses études ont démontré que, afin de diminuer l'apparition d'allergies, l'âge optimal de la diversification se situe entre 4 et 6 mois. Bien sûr, pendant cette période, le lait reste l'aliment principal, mais l'enfant doit aussi entrer en contact avec les fruits, les légumes et le gluten.

Comment?

Le début de la diversification alimentaire doit toujours se faire en accord avec le médecin qui suit votre enfant. C'est lui qui saura le mieux quand commencer l'introduction de nouveaux aliments.

À partir du moment où il a donné son feu vert, vous pouvez aussi essayer de savoir si votre bout de chou est prêt. Pour cela, soyez attentif à quelques signes : il ouvre systématiquement la bouche quand vous portez quelque chose à la vôtre, il ouvre la bouche dès qu'il voit une cuillère passer devant son petit nez... Pas de doute, votre bébé a envie de découvrir de nouvelles saveurs !

C'est également à ce moment-là qu'une grande question se pose : qu'allez-vous proposer à votre bébé ? Des repas 100 % faits maison ? Uniquement des petits pots du commerce pour leur côté pratique et rassurant ? Un peu des deux ? Le plus important, comme souvent, est surtout de faire ce qui vous convient le mieux.

La diversification alimentaire doit être un moment de plaisir et de découverte. Votre enfant n'aura peut-être pas les mêmes goûts que vous. C'est pour cela que vous pouvez lui proposer une grande variété de produits. Par exemple, si les champignons ne vous font pas bondir de joie, votre enfant va peut-être les adorer ! Lui faire découvrir ces saveurs est alors une vraie chance !

La seule règle à respecter est de ne pas forcer votre enfant à manger. Vous devez essayer de rester dans la proposition. Si bébé tourne la tête quand vous approchez la cuillère, restez calme, n'insistez pas et reproposez-lui ce même aliment plus tard. Il faut parfois proposer le même produit une dizaine de fois avant que bébé ne s'y intéresse et l'apprécie.

Un dernier principe : il peut être intéressant pour vous et votre bébé d'instaurer pour les repas ces petits rituels qu'il aime tant. Ce moment peut vite devenir un temps privilégié où vous êtes « obligé » de vous poser en tête à tête avec votre enfant et de couper un peu le rythme. Le repas devrait rester un moment d'échange et d'interaction autour de bonnes choses. Un moment pendant lequel vous profitez de votre enfant. Bien sûr, il y a des jours où vous serez pressé et où ce moment sera un peu plus précipité, mais ce n'est pas grave si cela reste occasionnel.

De « petites » bonnes habitudes peuvent être mises en place dès le début pour ce temps du repas : installer bébé dans un siège adapté (un transat pour les tout-petits, une chaise haute pour les plus grands), s'asseoir en face de lui, au calme, peut-être sans télévision afin de ne pas le distraire et de favoriser l'interaction... Vous n'êtes pas obligé de vous mettre à table au tout début, mais assez vite cela peut se révéler être une bonne habitude. Ainsi bébé saura vite reconnaître ces moments de plaisir. L'histoire est toujours la même... Si bébé vous sent disponible et calme, il sera prêt à la découverte !

Une nouvelle aventure

Un petit vent de panique souffle. Vous l'entendez tous les jours : « Les enfants ne mangent pas assez de légumes... L'obésité est le fléau de notre siècle... Mangez cinq fruits et légumes par jour... Mangez, bougez... Évitez de grignoter entre les repas... Ne mangez pas trop gras, salé, sucré... » Les médias nous assènent ces messages au but éducatif louable.

Alors la pression commence à monter. Vous vous dites : « Mon enfant ne mangera pas ceci ou cela... Il mangera ceci ou cela.... Il se tiendra bien à table, dira bonjour à la dame... » Oups, je m'égare !

Détendons-nous ! La diversification alimentaire, c'est, comme beaucoup de choses dans l'éducation d'un enfant, du bon sens, de la bienveillance, un petit peu d'informations, et surtout beaucoup d'amour.

Un enfant prendra du plaisir à manger s'il vous voit prendre du plaisir à le faire. Il mangera de tout si vous lui proposez de tout – mieux encore, s'il vous voit manger de tout ! Mais si, mais si, ne faites pas l'enfant, les salsifis, c'est très bon !

Quelques principes

Il y a certaines éléments qu'il est peut être bon pour vous de découvrir dès le début de la diversification. Que ce soit des informations générales à propos de l'alimentation pour bébé ou les premiers conseils pratiques, ce chapitre vous éclairera sur les basiques à connaître

Le sel

Le sel ajouté ou de table est fortement déconseillé pour les petits. Il risquerait de leur surcharger inutilement les reins. Il ne faut donc pas en rajouter, ni pendant la cuisson, ni dans l'eau de cuisson, ni en fin de préparation. Nous pouvons avoir l'impression que les purées que nous lui proposons sont alors fades, mais c'est juste parce que nous sommes (mal) habitués à manger (trop) salé. Les besoins de l'enfant jusqu'à 1 an sont d'un peu moins que 1 g de sel par jour. Or le lait et les aliments que vous lui proposez sont déjà naturellement salés et donc bien suffisants à sa ration journalière. Après 1 an et jusqu'à 3 ans, la quantité de sel conseillée est de 2 g. Soyez également vigilant sur les aides culinaires que vous pourriez utiliser, comme les cubes de bouillon du commerce, qui sont souvent très salés. Et si votre recette manque vraiment de saveur, pourquoi ne pas plutôt ajouter une pointe d'épices ou un peu d'aromates ?

Le sucre

Le sucre ajouté n'est absolument pas indispensable aux besoins alimentaires de votre enfant. Cependant, l'attirance pour les goûts sucrés est innée et indispensable pour que l'organisme trouve suffisament d'énergie. Il a aussi des vertus antalgiques et déstressantes. Les aliments en contiennent naturellement en quantité suffisante.

Il y a différents sucres : les sucres lents contenus dans les féculents, par exemple, ont un intérêt énergétique pour votre enfant. C'est d'ailleurs pour cette raison qu'ils sont souvent préférés spontanément par rapport aux légumes. Les sucres rapides (sucre, chocolat, gâteaux – même faits maison –, confiseries) sont eux à limiter. Votre enfant apprendra bien assez tôt à apprécier leurs saveurs. Apprenez-lui plutôt à découvrir le vrai goût des aliments. Les yaourts, petits -suisses, compotes et autres pourront être proposés et dégustés avec plaisir, souvent à votre grande surprise, juste nature.

Il est important également de ne pas tomber dans le sucre récompense ou chantage (« si tu arrêtes de pleurer, je te donne un bonbon »...) ou dans le sucre réconfort comme le biberon de lait pour s'endormir... En fait, comme toute bonne chose, il est important de savoir consommer le sucre en quantité raisonnable et de savoir s'accorder de petits plaisirs de temps en temps.

Grignotage

L'une des bonnes habitudes à apprendre à votre bébé est certainement de ne pas grignoter en dehors des temps de repas.

Dès tout petit, et malgré les tentations, évitons de lui tendre un gâteau dès qu'il a besoin de se calmer (sauf pendant les longs trajets en transport, je vous l'accorde...). Apprendre à se calmer sans nourriture, et surtout savoir qu'il y a un temps pour les repas, fait partie des tout premiers apprentissages.

Les avantages des petits pots maison

Même si, c'est indéniable, le petit pot industriel est bien pratique et que nous l'utiliserons tous à un moment ou à un autre, il y a plusieurs bons arguments pour choisir de cuisiner soi-même pour bébé.

- Vous pourrez choisir les ingrédients et les quantités que vous souhaitez cuisiner à votre petit, en fonction de son âge et de son appétit.

- Vous pourrez respecter la saisonnalité des fruits et des légumes.

- Vous pouvez initier bébé à cuisiner avec vous et cela dès les premiers mois en l'installant dans la cuisine pendant que vous préparez le repas. Cela va lui faire découvrir progressivement le plaisir de bons moments partagés.

- Cuisiner maison est plus économique.

- Cuisiner maison vous permet de laisser libre cours à votre imagination et à votre créativité! Essayez de nouvelles recettes, variez des classiques en ajoutant juste une pointe d'épices ou d'aromates. Faites-lui découvrir des saveurs particulièrement appréciées dans votre famille. Bref, faites-vous et faites-lui plaisir!

Bio ou pas bio?

Pas de grand dogme dans ce paragraphe. À chacun sa sensibilité et son avis sur les produits bio. Il est vrai que les teneurs limitées en pesticides de synthèse sont tout de même un vraivéritableatout pour ces aliments. Les enfants présentent une sensibilité aux pesticides différente des adultes et ceci pour deux raisons. La première est que l'enfant, en particulier les deux premières années, a un processus d'absorption et d'élimination de ces substances qui n'est pas comme celui de l'adulte. La seconde raison est que l'exposition aux pesticides chez les enfants, en pleine période de développement, peut engendrer des modifications, parfois définitives, du fonctionnement de certains systèmes de l'organisme.

Si nous nous fondons sur le poids corporel, les nourrissons et les enfants en bas âge ont des apports en aliments et en eau trois à quatre fois supérieurs à ceux d'un adulte. Les nourrissons pourraient donc être plus exposés aux pesticides que les adultes. Les effets toxiques de l'exposition aux pesticides pourraient être multiples: troubles de la reproduction, pathologies neurologiques, perturbation des systèmes endocriniens, perturbation du système immunitaire, etc.

Il est vrai aussi que, respectant un peu plus la saisonnalité, les fruits et légumes issus de l'agriculture biologique, ont souvent plus de goût. Ils sont également garantis sans OGM, ce qui peut être un argument non négligeable.

Le plus gros avantage des fruits et légumes bio, c'est qu'ils ne nécessitent pas d'épluchage. Les peaux sont riches en vitamines et minéraux, et il y a effectivement un intérêt à les conserver quand cela est possible. La courgette, l'aubergine, les poires, etc., sont des légumes et fruits très propices à être juste frottés par des brosses à légumes.

Attention: les peaux étant fibreuses, il est toutefois indispensable d'éplucher tous les fruits et légumes entre 4 et 6 mois.

Attention aux nitrates

Bio ou non, il est un élément qu'il faut prendre en compte quand on fait son marché pour bébé: les nitrates. Ils sont contenus dans des légumes et fruits cultivés dans les champs. Ce ne sont d'ailleurs pas les nitrates à proprement parler qui sont dangereux pour le nourrisson, mais leur transformation en nitrite dans l'organisme une fois ingérés. Ce risque d'intoxication est notamment plus important pendant les six premiers mois de la vie du bébé, car les bactéries responsables de cette transformation sont alors importantes dans l'organisme. Par la suite, le corps est moins sensible à cet effet toxique. Le risque engendré par une consommation trop forte en nitrates est le développement d'une maladie appelée « méthémoglobinémie ». Elle se traduit par un trouble de l'oxygénation des cellules de l'organisme. Le sang ne peut plus transporter aussi efficacement l'oxygène nécessaire à l'organisme, ce qui provoque des difficultés respiratoires chez le nourrisson. Il peut également y avoir apparition de diarrhées et de vomissements.

Les produits spécifiques à l'alimentation infantile sont donc réglementés sur leur teneur en nitrates (inférieure à 200 mg/kg), ce qui n'est pas le cas pour les aliments conventionnels destinés aux adultes.

Certains légumes contiennent des nitrates en quantité trop importante pour l'organisme de bébé. Il faudra donc être particulièrement vigilant, entre autres, avec les légumes à feuilles tels que les épinards et les blettes ou encore les haricots verts, le fenouil, la courgette, etc. Il n'est cependant pas impossible de proposer ces légumes à bébé. Il faudra simplement penser à les mélanger avec un ingrédient pauvre en nitrate. La pomme de terre (ou d'autres féculents) est alors l'ingrédient idéal.

Les interdits

La charcuterie

Trop salée et trop grasse, la charcuterie n'a pas d'intérêt nutritionnel pour bébé. Elle risque au contraire d'apporter des surcharges inutiles. Elle est donc déconseillée jusqu'aux 3 ans de votre enfant. Seule exception, le jambon blanc cuit découenné pourra être proposé à votre bout de chou dès 6 mois.

Abats, coquillages et crustacés

Les abats (foie, cervelle, rognons...), les coquillages et crustacés (crevettes et autres) peuvent provoquer des intoxications alimentaires à votre petit, et seront fortement déconseillés avant 18 mois. Ils seront ensuite présentés bien préparés (nettoyés par votre boucher ou bien lavés pour les crustacés) et bien cuits. Leurs qualités organoleptiques sont indéniables et ils pourront prendre une place raisonnable dans le régime de bébé à partir de 18 mois.

Les enfants allergiques

Environ 5 % des enfants présentent une allergie alimentaire : allergie aux protéines de lait de vache, à certains légumes ou fruits, au gluten, etc.

Si votre enfant présente des intolérances dès ses premières semaines de vie ou si vous avez vous-même ou la famille proche (conjoint, aînés…) un terrain atopique, et pour accompagner au mieux la diversification de votre enfant, il est alors indispensable de bien vous faire accompagner par votre médecin.

L'introduction des différents aliments sera alors précautionneuse, et certains seront peut-être proposés plus tardivement. Le céleri, les fruits rouges, les fruits exotiques, les arachides par exemple, pourront attendre que votre enfant ait 12 mois.

Si votre enfant présente une éruption cutanée (plaques, boutons, eczéma), ou si vous trouvez qu'il a des douleurs intestinales ou des diarrhées depuis l'introduction d'un aliment, ne le lui proposez plus jusqu'à ce que vous en parliez avec votre médecin.

Mais dans la majorité des cas, une allergie ou intolérance alimentaire ne vous empêche pas de faire découvrir une multitude de saveurs à bébé. Il vous faudra peut-être juste un peu plus d'ingéniosité ! Et rassurez-vous, dans un bon nombre de cas, ces allergies diminuent voire disparaissent dans les années qui suivent leur apparition.

Les débuts : 4-6 mois

Voilà, vous avez pris votre décision : bébé semble prêt, le pédiatre a dit oui ; la grande aventure peut commencer ! Cette étape marque souvent un grand moment dans la vie des jeunes parents, un peu comme les premiers pas. On se fixe un jour précis, on prépare l'appareil photo pour immortaliser ce moment qui fait partie des étapes de transition : bébé va enfin manger (presque) comme vous. Que pouvez-vous alors lui proposer ?

Les boissons

Le lait

Entre 4 et 6 mois, le lait doit rester la principale source d'énergie de votre bébé. S'il est au biberon, les laits riches en acides gras essentiels seront conseillés car indispensables à son bon développement cérébral. Le lait 1er âge (ou préparation pour nourrissons) est alors recommandé. Pour tout savoir sur les laits infantiles, vous pouvez consulter le site de l'Afpa (Association française de pédiatrie ambulatoire) : www.laits.fr

Votre bout de chou doit en consommer au minimum entre 500 et 750 ml par jour. Cette ration sera normalement comblée par les biberons du matin, du goûter et du soir.

Si vous allaitez encore, la diversification n'altérera pas votre allaitement. Commencer la diversification en allaitant favorise la tolérance des nouveaux aliments, surtout en cas de risque allergique, et est donc particulièrement recommandé. En pratique, continuez d'allaiter à la demande, votre corps s'adaptera aux nouveaux besoins de votre bébé. Petite astuce : afin que celui-ci ait envie d'essayer cette nouvelle forme d'alimentation, commencez par lui proposer son repas, puis terminez par la tétée.

Les autres types de lait

Laits de vache, jument, soja, amande, châtaigne… Face à la recrudescence des laits « alternatifs », les pédiatres rappellent que les enfants de moins de 3 ans ont des besoins spécifiques pour assurer leur bon développement, et que seuls le lait maternel ou les laits infantiles y répondent.

Les jus végétaux (lait de soja, lait d'amande, lait de châtaigne) sont à la fois pauvres en calcium, en minéraux, en acides gras essentiels et en fer, et pas assez riches en protéines et calories. L'Anses (Agence nationale de sécurité sanitaire de l'alimentation, de l'environnement et du travail) déconseille très fortement l'utilisation de ces « laits », que ce soit à titre exclusif ou même partiel, chez les enfants de moins de 1 an.

Les laits d'animaux (vache, chèvre, brebis, jument, ânesse) ne sont pas mieux adaptés aux tout-petits et ne répondent pas à leurs besoins. Chez les bébés nourris au lait de vache, on observe des carences en acides gras essentiels, en fer, en zinc, en vitamines E, A et B5, mais des apports trois à quatre fois trop importants en protéines. Les pédiatres recommandent de ne pas en donner aux enfants avant 3 ans.

Cependant, face à la demande, certains laboratoires ont commercialisé des laits infantiles à base de riz ou de lait de chèvre enrichis en fer et vitamines.

L'eau

Avec l'introduction d'aliments plus solides, vous pourrez proposer à votre enfant de l'eau. Contrairement aux idées reçues, les enfants apprécient l'eau. Bébé peut se montrer un peu surpris lors des premières gorgées, mais il finira vite par s'habituer. S'il ne boit pas, ce peut être aussi tout simplement parce qu'il n'a pas soif. Ne cédez pas aux sirènes d'une boisson sucrée (sirop, jus de fruits tout au long de la journée, etc.), votre enfant s'habituerait et il serait alors beaucoup plus difficile par la suite de lui faire prendre de l'eau nature.

Si l'eau du robinet de votre ville est de qualité, elle conviendra très bien à votre bébé. Si vous préférez lui donner de l'eau en bouteille, choisissez-la faiblement minéralisée. Les reins de votre bébé sont fragiles et ils n'ont pas besoin d'être surchargés. Pour savoir si une eau est fortement minéralisée ou pas, il suffit de regarder sur l'étiquette le taux de résidus à sec. Plus il est bas, moins l'eau est minéralisée.

Pour varier les goûts et les saveurs, vous pouvez changer d'eau régulièrement.

Les céréales

Il existe une grande gamme de céréales infantiles appelées aussi « farines infantiles ». Elles ne sont pas indispensables pour le développement de bébé et même, consommées à outrance, elles favorisent le surpoids infantile. Elles peuvent cependant avoir l'avantage d'apporter une satiété à bébé si, parfois, ce dernier montrait des signes d'impatience entre ses repas.

Il a longtemps été recommandé de les proposer sans gluten entre 4 et 6 mois. Il est maintenant recommandé de les proposer avec gluten dès le début et avec parcimonie, toujours dans le souci de limiter le risque d'allergie alimentaire.

Pour être plus précise, une tendance actuelle est de se méfier du gluten, ce qui pourrait vous inciter à éviter pour votre enfant les aliments en contenant. Mais qu'est-ce que le gluten ? C'est une substance indissoluble du grain de blé, de seigle et d'orge en moindre mesure. Il est responsable de l'élasticité de la pâte malaxée ainsi que de la masticabilité des produits à base de céréales cuits au four. Il est clairement démontré que l'introduction du gluten avant l'âge de 4 mois augmente le risque d'apparition d'une maladie cœliaque. Cependant, il est aussi très important d'introduire le gluten avant 7 mois révolus, car une introduction plus tardive augmente également ce risque de survenue d'une maladie cœliaque.

Il y a deux moments de la journée où les céréales peuvent être proposées.

Le premier est le matin. Le petit déjeuner doit apporter 25 % des apports énergétiques de la journée, et cela pour deux raisons : tout d'abord parce qu'il coupe le jeûne de la nuit et que l'organisme est en demande ; ensuite, parce qu'il doit apporter l'énergie nécessaire pour l'activité du matin, qui est souvent la partie de la journée où les apprentissages sont facilités. Il se doit donc d'être considéré comme un vrai repas. Et ça, c'est une vraie bonne habitude à donner pour longtemps à bébé !

Le second moment adéquat pour proposer des céréales à votre enfant est le soir. Car pour pouvoir se préparer à une bonne et longue nuit de sommeil, l'organisme a besoin de stocker de l'énergie, et un repas contenant des féculents ou des céréales permet d'apporter une satiété suffisante.

Les céréales sont nombreuses et variées. Elles sont parfois aromatisées avec des saveurs sucrées ou des saveurs de légumes afin de varier les repas de bébé. Attention cependant à ne pas trop habituer bébé à des goûts artificiels standardisés. Les céréales (nature) de blé, d'avoine, de riz et autres permettent déjà à bébé de découvrir de nouveaux goûts.

Concrètement, le matin, pour épaissir un biberon, vous pourrez mettre 1 ou 2 cuillerées à soupe de farine dans la quantité habituelle de lait 1er âge. Pensez alors à utiliser une tétine à gros débit pour faciliter la tétée.

Le soir, vous ferez de même, ou vous pourrez aussi proposer des bouillies qui permettront à bébé de s'habituer en douceur à de nouvelles consistances. Il faudra dans ce cas mettre 4 à 5 cuillerées à soupe de farine pour 100-150 ml de lait 1er âge.

Les premiers légumes et fruits

Les débuts de la diversification ne concernent que certains légumes et certains fruits. Le ventre de bébé est encore immature, il serait incapable de digérer de la viande ou du poisson, on attendra pour cela ses 6 mois révolus. Pour la même raison de maturité digestive, il sera indispensable de faire cuire tous les aliments de bébé jusqu'à ses 10-12 mois.

Certains légumes qui fermentent sont à proposer un peu plus tard pour éviter que bébé n'ait mal au ventre. Les choux, chou-fleur, brocoli, topinambour, etc., peuvent être un peu plus difficiles à digérer pour les tout-petits.

Au tout début, vous pourrez donc préférer des légumes plus doux, au goût un peu sucré comme la carotte, la betterave, le panais, les légumes verts, etc.

Pour une raison indéterminée mais culturellement très ancrée, le premier légume proposé à bébé est souvent la carotte. Il est vrai que sa belle couleur orangée et son goût un peu sucré en font un aliment de choix pour cette période d'apprentissage.

Pour les fruits, on pourra préférer la pomme, la poire, la pêche, l'abricot, le coing... pour les débuts. Les fruits

Zoom sur un légume oublié : le panais

De couleur blanche, le panais ressemble de très près à une carotte et son utilisation remonte au Moyen Âge.

Longtemps oublié, le panais revient sur le devant de la scène pour ses qualités réelles d'aliment-santé et pour son goût légèrement sucré.

Petite anecdote : en pays breton, les taches de rousseur sont surnommées « des taches de panais ».

rouges seront proposés un peu plus tard. Longtemps considérés comme trop allergisants pour les bébés, on les déconseillait avant 1 an. Les nouvelles recommandations préconisent maintenant une introduction vers les 6 mois, en restant vigilant comme pour tout aliment, aux réactions, en particulier, cutanées, les jours suivants.

Faut-il commencer par les légumes ou par les fruits ? Chacun peut choisir comme bon lui semble. Cependant, il me semble plus facile de commencer par les légumes afin que l'enfant ne soit pas trop déçu du goût moins sucré que celui des fruits.

Il n'y a pas d'urgence au jour près pour l'introduction de nouveaux aliments. C'est pour cela que, d'expérience, je préfère commencer directement avec une cuillère spécialement adaptée au bébé (cuillère en plastique souple à bout arrondi, afin d'éviter qu'il ne se blesse), pour qu'il comprenne qu'il passe à une nouvelle étape de découverte, différente du biberon. Bébé sera peut-être surpris de ce nouvel instrument, mais certainement curieux. N'hésitez pas, dès qu'il tient correctement les objets, à lui confier sa cuillère afin qu'il puisse jouer avec et l'apprivoiser.

Si au bout de 2 ou 3 jours bébé est vraiment récalcitrant à la cuillère, vous pourrez alors lui proposer les purées de légumes mixées dans son biberon de lait. Il pourra ainsi s'habituer un peu à ces nouvelles saveurs et saura certainement les reconnaître quand vous lui proposerez la cuillère quelques jours plus tard. Dans ce cas, pensez à prévoir une tétine à débit large pour laisser passer la texture épaissie du lait mélangé à la purée.

Certains aiment aussi commencer la diversification par quelques bouillons de légumes mélangés au lait du biberon. Cela permet à bébé de s'adapter très progressivement au nouveau goût. Cette étape n'est pas indispensable mais peut s'avérer utile pour les enfants peu motivés par l'introduction de nouvelles saveurs.

Les menus en pratique

Les premières semaines, les menus de bébé seront encore principalement composés de lait.

Les premières préparations seront, dans l'idéal, composées d'un seul légume ou d'un seul fruit et devront être proposées 2 ou 3 jours de suite. Cela pour deux raisons : la première, parce que bébé a besoin de découvrir la saveur unique de chaque produit pour mieux apprendre à le connaître et à l'aimer. La seconde, et non des moindres, afin de s'assurer que votre enfant tolère bien ce nouvel aliment et qu'il ne provoque pas chez lui de réactions allergiques. En cas de réaction, ne proposez plus l'aliment en question et reparlez-en avec votre médecin. Dans la grande majorité des cas, bébé tolère bien le produit, vous pouvez alors continuer l'éveil au goût en lui proposant de nouvelles saveurs. Une fois que plusieurs aliments ont été appréciés séparément, vous pouvez les assembler. Une palette quasi infinie de combinaisons s'offre alors à vous.

Vous pourrez donc, au choix, commencer cet éveil au goût, par les légumes au déjeuner ou les fruits au goûter, en plus du biberon. Ce dernier sera privilégié le matin, au goûter et le soir afin d'apporter la quantité de

500 ml à 750 ml de lait indispensable à votre bout de chou.

Les premières fois, votre enfant ne mangera que quelques cuillerées à café (1 cuillerée à café correspond à environ 5 g). La consistance peut le surprendre et il peut faire la grimace. Mais s'il ouvre la bouche à nouveau, c'est gagné : bébé est convaincu !

Le but est qu'à la fin du premier mois de diversification, votre bout de chou mange environ 100 g de légumes le midi et 90 g de fruits au goûter. Si ces nouveaux aliments lui plaisent et qu'il les tolère bien, il pourra arriver à ces quantités plus rapidement.

Le premier jour, vous donnerez donc : 1 à 3 cuillerées à café selon l'envie de bébé, puis vous augmenterez progressivement le nombre de cuillerées de 2 à 3 par jour. Toutes les 5 cuillerées à café (soit environ 30 g de purée), vous pourrez diminuer les quantités de lait apportées à ce même repas.

Exemple : bébé prend habituellement au repas de midi un biberon de 210 ml. Une fois qu'il mangera 5 cuillerées à café de purée, vous pourrez diminuer sa quantité de lait de 30 ml. Son repas sera alors constitué de 30 g de purée et de 180 ml de lait. Et ainsi de suite.

À ce rythme, environ 2 semaines après le début de la diversification, votre bébé mangera environ 100 g de purée et 110 ml de lait.

Bien sûr, les questions de quantité ne se posent pas pour un bébé allaité au sein qui, comme à son habitude, prendra la quantité dont il a besoin.

Une fois que votre enfant aura testé plusieurs légumes sans problème, vous pourrez lui proposer des fruits au goûter en suivant les mêmes règles.

Attention, je le rappelle, tous les fruits et légumes devront être cuits. Bébé ne pourra commencer à manger des crudités que vers 12 mois.

La préparation des purées ou compotes

Si vous avez choisi de préparer vous-même les repas de votre bébé, vos premières compositions devront donc être, comme nous l'avons déjà dit, faites d'un seul légume ou fruit. Vous prendrez soin de cuire ces aliments à la vapeur, sans ajouter de matière grasse, ni de sel, ni de sucre, au moment de la cuisson. D'autres modes de cuisson conviennent très bien à la préparation des repas de votre enfant, comme la cuisson à l'étouffée (dans une cocotte à fond épais, versez une petite quantité d'eau ou de bouillon avec les aliments et couvrez pour éviter l'évaporation), en papillote (dans du papier sulfurisé) ou au wok. Ces différentes méthodes ont l'avantage d'éviter l'utilisation de matière grasse lors de la cuisson et de conserver au maximum les nutriments et les saveurs des aliments.

Il vous faudra ensuite mixer très finement vos préparations. Bébé ne sait pas encore mastiquer et est habitué à une alimentation uniquement liquide, il faut donc faire attention à la consistance de ces purées. Vous la choisirez en ajoutant plus ou moins d'eau de cuisson (en cas de cuisson à la vapeur) à vos compositions et en les mixant plus ou moins longtemps.

L'eau de cuisson que vous ajouterez a toute son importance. En effet, les

Les appareils cuit-vapeur

Si vous décidez de préparer une grande partie des repas vous-même, je vous conseille de vous équiper d'un appareil vapeur-mixeur pour bébé (type Nutrybaby® de Babymoov ou Babycook® de Béaba). Ce robot très pratique vous permettra de cuisiner facilement et rapidement toutes les purées et compotes de votre bout de chou tout en respectant le mode de cuisson vapeur. Vous pourrez également faire cuire vos viandes et poissons dedans. Il suffira ensuite de mixer plus ou moins finement toutes vos préparations en fonction de l'âge de votre enfant grâce au couteau intégré au bol. Cet appareil a été une vraie révolution pour la préparation des repas faits maison. Petit, il est très facile à intégrer à votre cuisine et pourra continuer à vous être utile et à vous servir au quotidien comme aide culinaire même quand vous n'en aurez plus besoin pour bébé. Bref, vous l'aurez compris, un « best », à vous faire offrir rapidement !

fruits et les légumes perdent de leurs vitamines et minéraux pendant la cuisson à la vapeur. L'eau de cuisson est donc riche de ces nutriments et permet de redonner à vos purées toutes les bonnes choses dont les fruits et les légumes sont constitués.

En ce qui concerne les purées, il est très important d'ajouter une matière grasse au moment de mixer. Vous ne manquez pas de choix : huile d'olive, de colza, de tournesol (les huiles de noix et d'arachide seront plutôt utilisées et proposées après 1 an, du fait de leur risque allergisant) apporteront les acides gras essentiels au bon développement du cerveau de votre bout de chou. La crème fraîche ou le beurre donneront du goût et de l'onctuosité à vos recettes. Une cuillerée à café dans la purée du midi et dans celle du soir permet d'apporter la quantité nécessaire aux besoins journaliers de bébé. Attention, cette matière grasse est indispensable au régime alimentaire de votre bébé et ne constitue en rien un risque d'obésité. Au contraire, les pédiatres rencontrent maintenant de plus en plus d'enfants n'ayant pas d'apport suffisant en matières grasses. La sensibilisation à l'obésité des enfants est utile, mais il faut faire attention à la dérive : un peu de matière grasse et de sucre n'ont jamais constitué un risque. Comme toujours, c'est dans l'excès que surviennent les problèmes.

En ce qui concerne les compotes, vous ne rajouterez du sucre que si l'acidité des fruits utilisés gênent la dégustation. Le sirop d'agave peut, dès 6 mois, être une bonne alternative au sucre classique. Par contre, vous devrez attendre les 12 mois de bébé avant de pouvoir lui porposer du miel, à cause du risque de botulisme.

Les légumes surgelés

Préparer vos purées maison est donc une très bonne idée pour faire découvrir une multitude de bonnes saveurs à bébé. Cela dit, le principal inconvénient est le temps que cela peut prendre de s'approvisionner en légumes frais et de les préparer. Une bonne astuce peut être d'utiliser des légumes surgelés. Déjà lavés, épluchés et découpés, ils ont l'avantage de vous faire gagner un temps précieux. Leur autre atout, et contrairement à ce que l'on pourrait parfois penser, est qu'ils vous assurent des produits parfois plus intéressants que les légumes frais. Je m'explique : les

Une journée type entre 4 et 6 mois

À la fin du 1er mois de diversification, le menu de votre enfant ressemblera à peu près à ce type de repas:

- **Matin:** sein ou biberon de lait 1er âge (240 à 270 ml).
- **Midi:** 100 g de purée de légumes + 120 ml de lait 1er âge ou sein à la demande.
- **Goûter:** 90 g de compote de fruits +120 ml de lait 1er âge ou sein à la demande.
- **Soir:** sein ou biberon de lait 1er âge (240 à 270 ml).

légumes frais doivent être consommés très rapidement après leur achat afin qu'ils conservent leurs vitamines, minéraux et oligo-éléments. Chaque jour passé dans votre réfrigérateur les rend un peu moins intéressants sur le plan nutritionnel. Les légumes surgelés ont l'avantage d'être conditionnés au maximum cinq heures après leur récolte, ce qui leur assure une grande qualité organoleptique (préservation des vitamines et nutriments, saveurs, etc.). De nombreuses études ont maintenant démontré la grande qualité de ces légumes. De plus, la surgélation est un procédé qui permet d'éviter l'utilisation de conservateurs.

Afin de répondre à une demande croissante des parents de « cuisiner maison » pour leurs petits sans y consacrer tous leurs dimanches après-midi, plusieurs marques ont lancé des légumes surgelés spécifiques pour les petits de moins de 3 ans, qui assurent à ces légumes, en plus de leur fraîcheur, le respect très strict de la réglementation alimentaire infantile des enfants de moins de 3 ans (taux de nitrates, pesticides et microbiologies limités, comme nous l'avons déjà vu précédemment). Les Chaises Hautes®, avec sa gamme « Je cuisine pour mon bébé », ou Picard®, avec sa gamme « Mes premiers Repas », vous permettent de bénéficier de ces bons produits.

Dans ce livre, le choix des recettes peut sembler limité pour les bébés à partir de 4 mois. C'est que les débuts doivent commencer tout simplement ! Votre enfant doit apprendre les différents goûts des légumes et des fruits, et pour cela il est important de les proposer déjà seuls. Les recettes de purées basiques seront alors parfaites pour bébé. Ensuite, des associations toutes simples pourront être proposées.

Si votre bébé commence déjà à bouder son lait du soir, vous pourrez alors introduire des bouillies composées majoritairement de lait et d'un peu de céréales infantiles. Et s'il tarde à faire ses nuits et que vous commencez sérieusement à fatiguer, vous pouvez essayer d'introduire un peu de purée de légumes le soir. Si bébé se réveillait à cause de la faim, cette solution peut être utile. Sinon, c'est qu'il a encore besoin de vous voir la nuit et là, c'est de beaucoup de courage dont vous aurez besoin !

L'entrée des protéines : 6-12 mois

Votre bout de chou a maintenant bien l'habitude de l'alimentation solide et prend plaisir à découvrir tous les jours de nouvelles saveurs. À partir de 6 mois, vous pourrez assouvir sa curiosité grâce à de nouveaux aliments et de nouvelles consistances.

Les nouveaux légumes fruits écrasés

Tout doucement, bébé a un système digestif plus mature. Les légumes pourront être plus forts en goût et en fibres. Par exemple, toute la famille des choux pourra s'inscrire au menu (chou-fleur, brocoli, etc.), mais aussi le topinambour, les navets, rutabagas et autres. En fait, à part les légumineuses (appelés aussi légumes secs: pois chiches, lentilles, etc.), tous les légumes sont maintenant autorisés !

Pour les fruits: cuits, vous pourrez commencer à introduire les fruits rouges. Ils n'ont été pendant longtemps proposés qu'à partir de 12 mois. Il est maintenant recommandé de les proposer plus précocement afin de limiter les risques d'allergies. Bien sûr, prenez conseil auprès de votre pédiatre pour en confirmer l'introduction au vu de vos antécédents familiaux.

Jusqu'à présent, vous aurez proposé les légumes mixés en purée bien lisse. À partir de maintenant et tout doucement, vous pourrez écraser les légumes ou les fruits grossièrement à la fourchette afin d'habituer bébé à de nouvelles consistances.

Peu importe le nombre de dents de bébé pour commencer une alimentation moins lisse (je ne parle cependant pas de morceaux dès maintenant), c'est la force de la mâchoire qui compte. Si bébé se montre récalcitrant à ces nouvelles découvertes, pas de souci, reportez l'expérience de quelques jours.

À partir de 8 mois et toujours sur le même principe, des petits morceaux très fondants pourront être laissés dans l'assiette de bébé. Encore une fois, dent(s) ou pas, ce sont ses gencives qui travaillent !

Zoom sur un légume oublié : le topinambour

Cette espèce est originaire d'Amérique du Nord (États-Unis et Canada), où elle est cultivée par des tribus amérindiennes.

Son goût se rapproche de celui des fonds d'artichauts. Les Anglo-Saxons l'appellent d'ailleurs « artichaut de Jérusalem ».

Il contient de nombreuses vitamines (notamment A, C et B3), des sels minéraux (potassium) et des glucides. Ces derniers participent à l'équilibre de la flore intestinale. Il est également reconnu pour son pouvoir rassasiant.

Le topinambour, du fait de sa culture résistant aux intempéries, était un légume courant pendant la guerre, d'où parfois sa mauvaise réputation injustifiée. Aujourd'hui, il redevient très apprécié dans nos assiettes.

Les méthodes alternatives (la diversification alimentaire naturelle)

Le principe : grande mode anglo-saxonne, la diversification naturelle est aussi appelée « diversification gérée par bébé » (*Baby-Led Weaning*, BLW). Le principe est de proposer à bébé des morceaux de légumes ou de fruits cuits à disposition devant lui. Ainsi, bébé pioche librement dans l'assiette et grignote des petits morceaux de légumes. Les légumes et fruits sont ceux pouvant être présentés en bâtonnets ou en petites fleurs (comme le brocoli et le chou-fleur). Afin de faciliter la préhension, il est conseillé de proposer des morceaux de la taille du poing de bébé.

Les avantages : bébé participe activement aux repas familiaux. Autonome, il prend plus de plaisir à la découverte et avive sa curiosité. Il a donc moins de risque de refuser de la nourriture et de devenir un mangeur difficile.

Les inconvénients : mis à part que bébé va alors sérieusement salir son environnement… (mais c'est tellement mignon), un des points faibles de cette méthode de diversification est que bébé va plus souvent grignoter que réellement faire un vrai repas. Afin de s'assurer de la quantité et de varier les plaisirs, quelques légumes mixés pourront être également proposés à bébé.

Risque d'étouffement et vigilance : cette méthode ne s'applique qu'à des bébés qui se tiennent assis et qui savent tenir des morceaux dans leur main. Leur développement moteur leur permet donc de sucer puis croquer des morceaux. Bien sûr, un grand principe fondamental, qui vaut pour toutes les méthodes, est qu'un bébé ne doit jamais être laissé seul quand il mange !

En fait, cette méthode est souvent adoptée, sans le savoir, par les parents lorsqu'ils ont plusieurs enfants et que le petit dernier partage le repas familial.

Les aromates et épices douces

Voici une façon rapide, facile et efficace pour varier, aussi bien au niveau du goût qu'au niveau des couleurs, vos recettes sans vous donner trop de mal. Encore une fois, bébé est sensible aux nouvelles saveurs et n'a aucun *a priori*. Utilisés avec parcimonie (une pincée fera très bien l'affaire), un grand nombre d'épices et d'aromates peuvent être utilisés pour la cuisine de bébé. Pour les épices, on pourra citer, de manière non exhaustive, la cannelle, l'anis, la vanille, le cumin, le curcuma, le curry, la noix muscade, le clou de girofle, le safran etc.

Pour les aromates, le persil, la coriandre, le basilic, le cerfeuil, la ciboulette, la menthe égayeront subtilement vos purées. Le thym, le laurier, le romarin accompagneront très bien les viandes. L'aneth se marie à merveille avec les poissons, par exemple.

Vers 8 mois, l'ail, l'oignon et l'échalote pourront également être utilisés, en quantités raisonnables et cuits.

Plusieurs plantes pourront même être proposées bien plus tôt à bébé, sous forme de tisanes, pour leurs vertus apaisantes, comme la camomille, la verveine, la fleur d'oranger, ou pour calmer les coliques, comme les graines de fenouil ou d'anis.

La tisane de thym, par exemple, se révèle utile et efficace en cas d'affections respiratoires, grâce à ses propriétés antiseptiques. Elle peut aussi faciliter la digestion.

N'oubliez pas que bébé a déjà découvert nombre de saveurs pendant la grossesse. Ses papilles sont donc déjà sensibilisées à toutes ces denrées que vous utilisez certainement vous-même pour vos repas.

Les protéines

Son système digestif ayant maintenant la maturité nécessaire, bébé va tout doucement pouvoir commencer à découvrir la viande et les poissons.

Même si les protéines constituent un apport indéniable dans le quotidien de bébé, il est important de ne pas trop lui en donner. Il y a un minimum nécessaire dont l'organisme a besoin, le reste des apports alors inutiles seront traités comme des déchets et nécessiteront le fonctionnement intense des reins. C'est pour éviter cette surcharge rénale inutile que les quantités sont limitées. Même si elles vous paraissent minimes, rassurez-vous, elles seront largement suffisantes pour bébé !

La viande

Toutes les viandes pourront être proposées (sauf les abats et la charcuterie). Les viandes blanches, moins fortes en goût, seront idéales pour commencer l'introduction des protéines. Ensuite, les viandes rouges au goût plus prononcé pourront être proposées à bébé.

Les viandes seront cuites à la vapeur ou pochées dans un bouillon de légumes. Du fait de la libération importante de « mauvaises » graisses, la cuisson à la poêle dans de la graisse ne sera pas conseillée avant 3 ans.

La viande sera mixée très finement et intégrée aux purées de légumes pour les premiers repas. Puis, à partir de 8 mois, elle sera mixée un peu moins finement. Mais du fait de sa texture souvent filandreuse, il faudra continuer à la hacher très petit pour faciliter la mastication.

Les premiers morceaux et, cette fois-ci, selon le nombre de dents de bébé, pourront être proposés après 1 an.

Le poisson

Le poisson, du fait de ses propriétés nutritionnelles, occupe une place de choix dans le régime de nos bouts de chou. Riche en lipides et surtout en oméga-3, il a un véritable intérêt pour le développement du cerveau de votre enfant. Il est également riche en vitamine D, essentielle à l'absorption et la transformation du calcium, et qui contribue au développement d'une

Ultra-frais

Une astuce pour savoir si le poisson est frais… ou pas : ses yeux ne doivent pas être plats ou rentrés dans l'orbite, mais plutôt être vifs et brillants, et occuper tout l'espace.

Un poisson frais pourra se conserver 2 ou 3 jours au réfrigérateur et quelques mois au congélateur.

La cuisson au court-bouillon

Préparez dans 1/2 litre d'eau : 1 carotte coupée en dés, 1/2 oignon émincé, quelques feuilles de persil, 1 branche de céleri-rave découpée en petits dés, quelques feuilles de thym et amenez à ébullition pendant 30 min. Faites refroidir, puis relancez la cuisson en y plongeant le poisson pendant environ 8 min à frémissement.

bonne ossature. Il contient également du phosphore en forte quantité, très important pour la mémoire. Enfin, il est une excellente source de fer et de potassium, ainsi que de vitamines A et B12 (acide folique).

Les règles d'introduction du poisson seront les mêmes que pour la viande. Il vous faudra être toutefois très vigilant à bien enlever toutes les arêtes pour éviter que bébé ne s'étouffe.

Afin de préserver au mieux ses qualités organoleptiques et nutritionnelles, le poisson mérite d'être cuisiné à la vapeur ou poché au court-bouillon. Il pourra être frais ou surgelé. Par contre, bébé est bien trop petit pour déguster du poisson pané, qui serait trop gras ! À cause des risques de contamination, les coquillages et crustacés sont aussi très fortement déconseillés avant 18 mois.

Une fois le poisson bien introduits-dans le régime alimentaire de bébé, on pourra lui en proposer deux fois par semaine, en alternant poisson maigre et poisson gras.

Les poissons maigres

On considère comme poissons maigres tous les poissons « blancs », parmi lesquels on retrouve notamment la sole, le bar, le cabillaud, le lieu, le merlu ou colin, le merlan, le brochet, la dorade, la rascasse ou encore l'églefin. Les poissons maigres seront privilégiés au début de l'introduction des protéines après avoir introduit la viande.

Les poissons maigres contiennent environ 1 % de matières grasses, contre 5 à 10 % pour les poissons gras (soit l'équivalent d'un steak de bœuf).

Les poissons gras

Ils seront plutôt introduits à partir de 9 mois, une fois la bonne introduction des poissons maigres assurée. Sont appelés poissons gras le saumon, le thon, la truite, mais également la sardine, le maquereau, le hareng, la lotte, la perche, le rouget ou encore le turbot. Les poissons gras sauvages seront plus riches en oméga-3 que les poissons d'élevage. Attention cependant au poisson d'élevage ; du fait de sa teneur potentiellement élevée en métaux lourds (en particulier en mercure), sa consommation sera limitée à une fois par semaine.

Les œufs

Du fait de leurs risques allergisants, en particulier au niveau du blanc, les œufs ont pendant longtemps été introduits en fin de schéma de diversification.

Il est maintenant admis qu'ils peuvent être introduits à partir de 6-7 mois. Vous commencerez par 1/2 jaune bien cuit et écrasé à la fourchette en remplacement de la viande ou du poisson. Vers

8-9 mois, vous pourrez alors introduire le blanc et proposer un œuf entier.

Avant 1 an, il n'est pas recommandé de proposer le jaune d'œuf peu ou pas cuit. Après 1 an, toutes les cuissons pourront être proposées à bébé afin qu'il découvre les multiples saveurs de l'œuf ; à la coque, en omelette, poché... les idées ne manquent pas !

Pour introduire les protéines

L'introduction des protéines commencera par la viande. Il sera d'abord proposé à bébé, de 6 à 7 mois, 5 g de viande finement mixée, soit 1 cuillerée à café. On pourra passer à 10 g à 7 mois, puis augmenter la quantité de protéines de 10 g par mois jusqu'à arriver à 40 g.

L'enfant ne devra consommer que 40-50 g de protéines jusqu'à ses 3 ans environ.

À 6 mois, il sera important d'équilibrer les repas au cours de la journée. Bébé prend son laitage à midi, il aura double ration de fruits au goûter et le laitage ne sera alors pas indispensable. Les protéines (viande ou poisson) seront à préférer pour le repas de midi, mais si vous savez qu'il y aura des protéines le soir, un déjeuner végétarien sera parfait.

Afin de faire découvrir ces nouvelles saveurs en douceur et pour pouvoir vous organiser, vous pourrez introduire les protéines dans les repas de votre bébé en fonctionnant par semaines.

Les petits pots du commerce : classiques et variantes

Il faut être honnête, même si vous êtes très motivé pour cuisiner tous les bons petits plats de bébé, il y aura souvent des moments où vous n'aurez pas la possibilité de lui proposer un repas fait maison.

Vous vous tournerez alors certainement vers les préparations industrielles. Les petits pots ont l'énorme avantage d'être très pratiques d'utilisation. Rapidement préparés, ils vous assurent d'apporter à bébé un repas qui lui convient parfaitement au niveau nutritionnel. Ils respectent également scrupuleusement la réglementation alimentaire des enfants de moins de 3 ans : teneur en nitrates, en pesticides, en sel, sucre, conservateurs, additifs, allergisants, tous ces éléments étant particulièrement limités.

Si vous trouvez qu'ils manquent de saveur, c'est d'une part à cause du mode de cuisson, qui stérilise la préparation, inhibe légèrement le goût des aliments mais vous assure la sécurité bactériologique. D'autre part, il n'y a pas de sel ajouté, ce qui, pour nos palais mal habitués, rend les recettes fades.

Les industriels du marché, dont Nestlé (NaturNes®) et Danone (Blédina®), ont su s'adapter à l'évolution de bébé et de nos styles de vie. Vous trouverez donc maintenant des plats préparés pour bébé sous forme de pots en verre, d'assiettes en plastique (pour les plus grands), ou même sous forme de Doypack® (sachet plastique souple) facilitant encore plus le transport des repas de bout de chou, dont la marque Good Goût® est l'ingénieuse instigatrice, en plus de savoir rès bien mettre à l'honneur un ingrédient par plat.

- **Semaine 1 :** découverte des viandes blanches (moins fortes en goût) : poulet, veau, porc (pas trop gras), jambon blanc dégraissé, dinde, etc.
- **Semaine 2 :** découverte des poissons maigres.
- **Semaine 3 :** découverte des viandes rouges (bœuf, agneau) qui seront privilégiées.
- **Semaine 4 :** découverte des poissons gras.
- **Semaine 5 :** introduction de 1/2 jaune d'œuf puis d'un jaune d'œuf (à partir de 8 mois), une fois par semaine.
- **Semaine 6 :** introduction du blanc d'œuf servi avec le jaune, une fois par semaine.

Rappel : les charcuteries (trop salés et trop grasses), sauf le jambon découenné, seront interdites avant les 18 mois de bébé. Il en sera de même pour les abats, qui se révèlent de surcroît plus à risque.

Pour résumer, une fois les différents types de protéines introduits et bien tolérés, la semaine pourra se découper ainsi :

- **Viande blanche :** deux fois par semaine.
- **Poisson maigre :** une fois par semaine.
- **Viande rouge :** deux fois par semaine.
- **Poisson gras :** une fois par semaine.
- **Œuf :** une fois par semaine.

Les matières grasses

En bonne quantité et bien choisies, elles sont indispensables au bon développement de bébé. Il est important de retenir qu'à cet âge, on ne chauffe pas les matières grasses. Elles seront donc ajoutées aux purées en fin de préparation. À partir de 6 mois, on pourra ajouter 2 cuillerées à café d'huile : colza, olive, tournesol (mais pas d'arachide avant 12 mois), de crème fraîche ou de beurre par jour. Les huiles seront préférées biologiques et de première pression à froid pour leurs grandes qualités et leur absence d'impuretés.

Vous trouverez aussi dans le commerce, des huiles spécialement conçues pour les bébés (huile bio Quintesens®). Naturellement riches en oméga-3, oméga-6 et surtout en DHA, elles sont très intéressantes pour le régime alimentaire de bébé.

Les laitages

À 6 mois, vous pourrez commencer à introduire les laitages qui permettront d'apporter à bébé la quantité de produits laitiers indispensables à sa croissance, tout en variant les plaisirs.

Vous pourrez commencer par introduire les petits-suisses à 20 % de matières grasses, natures et sans sucre. Bébé n'a pas les mêmes habitudes que nous et ce goût tout frais et tout simple lui conviendra parfaitement. Vous pourrez aussi mélanger le petit-suisse à sa compote au moment du goûter. Le fromage fait également son entrée. Commencez par des fromages mous de type Kiri® ou Vache qui rit®.

Après 8 mois, vous pourrez proposer à bébé des morceaux de fromage à pâte molle type comté ou gruyère, coupés en petits bâtonnets et qu'il prendra plaisir à grignoter seul. Mais tous les fromages pourront être proposés. Vous constaterez alors, parfois avec surprise et amusement, que bébé est tout à fait capable d'apprécier des fromages au goût bien prononcé tels que le roquefort ou le camembert.

À partir de 8 mois toujours, vous pourrez faire découvrir à votre bout de chou, les yaourts entiers ou bulgares, toujours servis nature et sans sucre. Pour varier, vous pourrez aussi lui proposer des petits-suisses aux fruits ou du fromage blanc à 40 %. Les yaourts de brebis et de chèvre sont également un bon moyen de varier les plaisirs et souvent très appréciés des petits.

Bien sûr, vous pourrez aussi proposer des laitages spécifiques pour bébés qui leur assurent un apport nutritionnel parfait, même si, pour ma part, je les trouve souvent un peu trop sucrés.

Les produits céréaliers, les féculents, le pain

À partir de 9 mois, les besoins nutritionnels de bébé augmentent et il est important d'ajouter un peu de féculents ou céréales à ses repas. Vous pourrez privilégier le repas du soir pour l'introduction de ces aliments afin d'aider bébé à passer une bonne nuit et répondre à ses besoins pour ce qui est, pour lui, un long moment de jeûne.

Toutes les sortes de féculents peuvent être proposées à bébé : pomme de terre, patate douce, petites pâtes, riz, semoule, polenta (farine de maïs), boulgour (blé concassé), blé entier, tapioca, etc. Le quinoa est une pseudo-céréale. Cependant, riche en protéines très bien assimilées par l'organisme, le quinoa a la propriété de pouvoir remplacer la viande. Soyez donc vigilant à la quantité de protéines proposée à bébé dans la journée quand vous lui donnez du quinoa.

À 9 mois, bébé aura besoin de 50 g de féculents cuits par jour. À partir de 12 mois, ses besoins augmenteront entre 75 et 100 g, soit 3 cuillerées à soupe d'ingrédients après cuisson.

À partir de 8-9 mois, bébé prendra aussi grand plaisir à mâchouiller un quignon de pain. Sous votre surveillance, il pourra ainsi découvrir de nouvelles saveurs et textures, mais aussi soulager ses gencives. Pas besoin d'attendre

Une journée type entre 6 et 12 mois

- **Matin :** sein ou biberon de lait 2e âge (240 à 270 ml), +/_ 3 à 5 cuillerées à café de farine de céréales.
- **Midi :** entre 100 et 200 g de purée de légumes + 10 à 30 g de protéines / 100 g de compote de fruits.
- **Goûter :** 120 g de compote + 1 laitage (2 petits-suisses à 20 % de matières grasses ou, à partir de 8 mois, 1 yaourt au lait entier ou 1 fromage blanc), ou 120 ml de lait 2e âge, ou sein à la demande. Un biscuit adapté à bébé pourra également lui être proposé.
- **Soir :** entre 100 et 200 g de purée de légumes + sein ou biberon de lait 2e âge (240 à 270 ml), +/_ 3 cuillerées à café de farine de céréales ou 50 g de féculents.

d'avoir des dents, ce qui compte est la force des mâchoires. Vous ferez cependant attention avec la mie de pain, qui pourrait provoquer des fausses routes.

Les boissons

Le lait

Il est temps de passer au lait 2e âge (aussi appelé « lait de suite »). Le lait doit rester une composante importante des apports énergétiques journaliers. Plus de 500 ml sont toujours recommandés. Si bébé se lasse de son lait, vous pourrez varier les goûts avec un peu de céréales ou compenser avec un peu plus de laitages.

Bien sûr, si vous allaitez toujours, continuez à votre propre rythme.

L'eau

Seule boisson indispensable, l'eau sera proposée à volonté, donnée dans un biberon, puis à la tasse quand bébé voudra apprendre à se débrouiller tout seul.

Les jus de fruits

Si vous le souhaitez, vous pourrez lui proposer un jus de fruits pressés, non sucré, le matin au petit déjeuner. Le reste de la journée, vous ne lui proposerez que du lait (matin et soir) ou de l'eau.

Les morceaux fondants : 12-18 mois

Bébé grandit et, progressivement, vous pourrez lui faire découvrir de nouvelles textures. Des morceaux fondants, des petites pâtes, du riz pourront être laissés tels quels dans l'assiette. Vous resterez cependant très vigilant aux morceaux plus gros, qui pourraient provoquer des étouffements. Pour la même raison, les cacahuètes, noix, noisettes, pistaches, entières ou en morceaux, sont formellement interdites avant l'âge de 5 ans.

L'introduction des légumineuses

À chaque âge ses découvertes ! Vers 15-18 mois, bébé va pouvoir découvrir les légumineuses, aussi appelés légumes secs. Riches en glucides complexes, en protéines (en particulier en acides aminés essentiels) et en fibres, qui permettent d'apporter un effet de satiété mais qui les rendent difficiles à digérer. Depuis la nuit des temps, elles sont présentes dans les menus de toutes les civilisations, associées aux céréales, et elles semblent même avoir été la base de notre alimentation jusqu'à ce que les protéines animales remplacent les protéines végétales.

Cuites, elles ont une valeur énergétique importante, proche de celle des céréales. Les légumineuses comprennent :

- les fèves et haricots secs : haricots blancs, rouges, soja...
- les lentilles : vertes, brunes, corail...
- les pois secs : cassés, entiers, chiches...

Le soja, l'arachide, le haricot, les pois, les fèves et les lentilles sont les légumineuses les plus cultivées dans le monde.

Les légumineuses sont également de bonnes sources de vitamines et de minéraux. Elles apportent des vitamines du groupe B, mais aussi du magnésium, et sont également réputées pour leur apport en fer.

Pour mieux absorber le fer des légumineuses, vous pourrez préparer un aliment riche en vitamine C au cours du même repas (brocoli, orange, kiwi...).

Il est conseillé d'associer les légumineuses avec d'autres sources de protéines : des protéines végétales, comme des produits céréaliers (pain, pâtes, riz...), ou encore des protéines animales afin de couvrir complètement les besoins énergétiques et vitaminiques de votre enfant sur toute la journée.

Comme le soja est la seule légumineuse qui ne nécessite pas de complémentation au niveau des protéines, le tofu, issu de cette légumineuse, est une alternative intéressante aux protéines animales. Bébé ne pourra cependant pas en manger plus de trois fois par mois.

Préparation des légumineuses

La plupart des légumineuses nécessitent un temps de trempage avant cuisson, c'est-à-dire qu'il faut les faire tremper dans trois fois leur volume en eau froide, de préférence au réfrigérateur. Ce temps est variable, de quelques

Zoom sur un légume oublié: le rutabaga

Le rutabaga, aussi appelé «navet jaune» ou «chou de Sima», est un légume racine, cousin du navet et du radis. Il a un goût un peu plus doux que le navet, mais il nécessite un temps de cuisson deux fois plus long.

Comme le topinambour, il garde la mauvaise réputation d'avoir été l'un des légumes de base pendant la Seconde Guerre mondiale du fait de sa résistance au gel. Pourtant, il possède de nombreux atouts nutritionnels, parfaits pour le bon développement de bébé. C'est un légume riche en phosphore, en calcium et en de nombreuses vitamines (C, B12, etc.), qui mérite toute sa place dans nos régimes alimentaires. Un petit secret: monté en mousse, il pourrait bien vous surprendre agréablement!

heures à une nuit entière (il est en général indiqué sur l'emballage). Mais ce temps de trempage peut être fortement réduit par une précuisson: portez les légumineuses à ébullition pendant 2 minutes, retirez-les du feu et laissez reposer pendant 1 heure.

Enfin, même si le trempage n'est pas nécessaire pour les lentilles et les pois cassés, cette opération peut vous permettre de réduire leur temps de cuisson.

Avant cuisson, il est nécessaire de jeter l'eau de trempage et de rincer la légumineuse. La cuisson se fait ensuite à feu doux dans une eau propre jusqu'à absorption complète du liquide. Le temps de cuisson varie de 10 minutes environ pour les lentilles corail à 1 heure au moins pour les pois cassés.

Il n'y a maintenant plus de légumes contre-indiqués pour bébé. Il peut manger à peu près la même chose que vous et avec les mêmes consistances! Restez cependant vigilant aux morceaux trop gros ou trop durs jusqu'à ses 5 ans.

Les fruits exotiques

Là encore, pour les fruits, il n'y aura maintenant plus d'interdits, sauf pour les fruits à coque qui, aussi bien pour leur risque allergisant que pour leur risque d'étouffement, seront proscrits jusqu'aux 5 ans de l'enfant.

Les fruits exotiques tels que la banane (eh oui! on l'oublie souvent, mais la banane est un fruit exotique), la papaye, la mangue, le kiwi, l'ananas, la goyave, etc. vont pouvoir dès à présent être proposés crus à bébé.

Jusqu'à 1 an, il était très raisonnable de cuire précautionneusement ces fruits pour en faire des compotes, limitant ainsi le risque allergisant de ces aliments. À 12 mois, bébé va pouvoir découvrir leurs textures juteuses et croquantes, pour la plupart, et se régaler de tous les fruits que vous lui offrirez!

Abats, crustacés et coquillages

C'est donc à partir de 18 mois, que vous pourrez proposer les abats (en particulier le foie, riche en fer), crustacés et coquillages. Riches en minéraux et oligo-éléments, il est intéressant de les faire rentrer dans le menu de bébé.

Congelez vos petits plats !

Cuisiner pour bébé est une excellente idée ! Les recettes sont plus variées, plus savoureuses, et vous participez activement à sa découverte des goûts !

Cependant, il y a un (gros) point négatif... Le temps à consacrer à la préparation des repas. La bonne astuce est de cuisiner vos petits plats en quantité un peu plus importante, et de les congeler ! Le temps passé à cuisiner ne sera guère plus long et la congélation a l'avantage de garder les vitamines, nutriments et saveurs de vos aliments.

Une fois votre préparation refroidie, vous pourrez la conditionner dans des petits récipients conçus pour aller au congélateur, puis au micro-ondes. Ces récipients se trouvent très facilement en magasin de puériculture et ont l'avantage d'exister sous différentes contenances. Selon votre préparation, vous pourrez stocker 150 g ou 220 g, ou même 300 g pour les plus gourmands.

Il existe aussi des conditionnements permettant de fabriquer des petites portions de 50 g de purée, qui se démoulent facilement et qui permettent de stocker dès les premières semaines de la diversification.

Vous pourrez aussi très facilement vous servir de votre bac à glaçons, qui fera alors des portions de 30 g bien pratiques ! Une fois congelés, vos légumes pourront rester au congélateur pendant un an.

Pour la viande et le poisson, vous pourrez aussi préparer des miniportions : faites-les cuire à la vapeur puis mixez-les. Ensuite, à l'aide d'une balance et de film alimentaire, vous pourrez faire des « boulettes de protéines » (de 20 à 50 g selon l'âge de bébé) qui seront très pratiques à utiliser au quotidien. Ces « boulettes » pourront être stockées jusqu'à six mois au congélateur.

Grâce à ces préparations, votre bébé pourra apprécier la cuisine maison même les jours où vous manquez de temps. Sortez une purée, une boulette de protéines, et hop ! il n'y a plus qu'à réchauffer ces bons petits plats ! Très pratique, vous regroupez efficacement vos achats et votre temps !

Quelques précautions particulières

- Un petit pot entamé ne doit pas rester plus de 24 heures au réfrigérateur.
- Il ne faut jamais recongeler un petit pot décongelé.
- Les petits pots ne doivent jamais être décongelés à température ambiante : il faudra les décongeler au réfrigérateur, au micro-ondes ou à la vapeur

Une journée type entre 12 et 18 mois

- **Matin :** sein ou biberon de lait de croissance (240 à 300 ml) ou lait entier, +/_ 3 à 5 cuillerées à café de farine de céréales.
- **Midi :** 200 g de légumes + 40 g de protéines / 100 g de fruits.
- **Goûter :** 130 à 150 g de fruits + 1 laitage (2 petits-suisses à 20 % de matières grasses ou à partir de 8 mois : 1 yaourt au lait entier ou 1 fromage blanc), ou 120 ml de croissance (ou lait entier), ou sein à la demande.
- **Soir :** 200 à 250 g de légumes + sein ou biberon de lait de croissance ou lait entier (240 à 270 ml), 3 cuillerées à soupe de féculents ou céréales.

Les boissons

L'eau

L'eau reste la boisson indispensable et de premier ordre. Apprenez dès maintenant à votre bébé à ne boire que de l'eau nature à table. Votre bout de chou a grandi et va maintenant être capable de boire dans une tasse à bec, et bientôt dans un verre. Bébé sait aussi, petit à petit, se débrouiller avec une paille.

Le lait

Même en grandissant, bébé a encore besoin de ses 500 ml de lait par jour. Si le biberon du matin pose rarement de problème, certains enfants se lassent vite du biberon du soir. Dans ce cas, proposez-lui plus de produits laitiers, de type fromages ou laitages, aux différents repas de la journée.

Dès 10 mois, vous pourrez remplacer le lait 2e âge par du lait de croissance. S'il est parfois décrié comme un pur produit marketing, il est toutefois vingt à trente fois plus riche en fer que le lait de vache. Il est aussi enrichi en acides gras essentiels et en vitamines. Appauvri en protéines et en sodium, il ne surcharge pas les reins de bébé. Auparavant souvent sucrés et aromatisés afin de cacher le goût du fer, il existe maintenant des laits de croissance nature.

Si vous souhaitez passer directement au lait de vache, prenez soin d'apporter suffisamment de fer dans le reste de l'alimentation de votre enfant.

Les jus de fruits

Préférez-les fraîchement pressés, ou 100 % pur jus pour ceux du commerce. Veillez aussi à ce qu'il y ait peu, voire pas de sucres ajoutés. Les jus de fruits peuvent être proposés au petit déjeuner ou au goûter.

Les autres boissons sucrées

Elles n'ont, encore une fois, pas d'intérêt pour bébé. S'il peut goûter de manière exceptionnelle et festive un peu de sirop ou d'autres boissons sucrées, il n'y a aucune raison que cela rentre dans son programme alimentaire quotidien.

Et après : les bonnes habitudes

Votre enfant grandit et vous vous en rendez compte tous les jours ; il a besoin de repères. C'est maintenant que vous pouvez lui donner les bonnes habitudes alimentaires qui seront un atout santé par la suite.

Continuez à équilibrer les repas

Après 18 mois, on a tendance à dire que bébé peut manger comme vous. C'est vrai dans le sens où il n'y a maintenant plus d'aliments qui lui sont interdits. Cependant, c'est surtout vrai si vous faites vous-même très attention à votre alimentation. Entre 18 mois et 3 ans, votre enfant a des besoins nutritionnels qui lui sont encore très spécifiques. Il vous faudra donc être particulièrement vigilant et lui proposer une alimentation « sur mesure » :

- une juste quantité en protéines (pas plus de 40 à 50 g de protéines animales par jour) et cela jusqu'à ses 3 ans ;
- un apport limité en graisses, en sel et en sucre ;
- les vitamines et minéraux adaptés à ses besoins nutritionnels ;
- des acides gras essentiels pour le développement cérébral ;
- plus de fer pour accompagner sa croissance et aider à résister aux infections, d'où l'intérêt des laits enrichis en fer et des légumineuses ;
- des portions adaptées à son appétit pour aider à répondre parfaitement à ses besoins nutritionnels spécifiques jusqu'à 3 ans.

Afin de pouvoir respecter une quantité raisonnable de protéines animales, prenez l'habitude de n'en cuisiner qu'une seule fois par jour. Le moment idéal de consommation est le déjeuner. Le soir, vous favoriserez les légumes et les féculents. Cette règle est également tout à fait valable pour les adultes, qui, souvent, consomment trop de viande par rapport à leurs besoins journaliers.

Une bonne habitude à donner à votre enfant est de lui enseigner à ne pas grignoter. La journée est rythmée par 4 repas indispensables qu'il faut lui apprendre à distinguer en mettant en place quelques petits rituels, comme de s'installer à table, mettre le couvert, etc. Même si vous ne mangez pas avec lui, prenez le temps de vous asseoir et d'instaurer le repas comme un moment de plaisir et d'échanges. Cependant, votre bout de chou grandissant, il serait bon et intéressant pour lui que vous preniez des repas ensemble. Il vous verra goûter différents aliments qui lui donneront envie de les découvrir également. C'est aussi de cette manière que vous lui apprendrez à bien se tenir à table : comme pour toute règle d'éducation, montrer l'exemple est toujours une bonne idée !

Tant que vous pouvez résister, essayez d'éviter de proposer des sucreries à votre bébé ! Confitures, pâte à tartiner, bonbons, gâteaux (même faits maison) devront être utilisés avec grande parcimonie. Ils ne sont absolument pas indispensables au régime alimentaire de votre enfant, mais ils font bien sûr partie de son univers. Alors réservez-les pour les jours un peu exceptionnels!

À cet âge, vous pourrez équilibrer les repas de votre enfant sur la semaine. Week-end de fête en vue où les légumes ne seront pas particulièrement à l'honneur? Vous vous rattraperez largement sur la semaine. Quelques repas végétariens ne pourront pas faire de mal...

La néophobie

Vers l'âge de 2 ans, votre enfant va entrer dans une phase d'opposition qui s'installera également à table. La néophobie est la peur de découvrir de nouveaux aliments. C'est un stade de développement acquis de notre évolution qui a pour but de protéger les petits, apprenant à se débrouiller seuls et à se méfier des aliments qu'ils ne connaissent pas, et ainsi éviter l'empoisonnement. De plus, votre enfant en pleine croissance sera spontanément attiré vers des aliments riches en énergie comme les féculents: c'est la période pâtes, riz, pommes de terre... qui peut parfois être déstabilisante, surtout quand bébé mangeait jusque-là tout ce qu'on lui proposait.

Cependant, rassurez-vous, un bébé ayant eu la chance de découvrir une multitude de saveurs lors de ces premiers mois de diversification sera tout à fait près à remanger tous les légumes et fruits que vous lui proposerez un peu plus tard. Et vers 4-5 ans, il reprendra du plaisir à avoir une alimentation variée. Pour cela, pendant cette phase d'opposition, continuez de proposer à chaque repas un peu de légumes pour que votre enfant reste habitué à ces aliments.

Une règle primordiale, inspirée de Françoise Dolto, est qu'il est souhaitable que le repas reste un moment d'échanges et qu'il ne devienne surtout pas un moment de conflits. Si votre enfant refuse de terminer son assiette, pourquoi le forcer et pourquoi ne pas respecter ses goûts ou son appétit du moment? Bien sûr, nous sommes toujours contrariés quand l'enfant, ayant à peine goûté ou mangé quelques cuillerées, nous dit déjà qu'il n'a plus faim ou tout simplement qu'il n'en veut plus. Pourquoi nous énervons-nous? Dans la majorité des cas, c'est l'angoisse, légitime, que notre enfant manque de quelque chose et, dans cette situation, qu'il ait faim ou qu'il ne se nourrisse pas assez. Rassurons-nous: un enfant ne se laisse pas mourir de faim! Il ne veut pas finir son plat? Très bien, il passe directement au fromage ou au dessert. Mais hors de question de compenser en doublant les doses. On lui proposera une portion comme à chaque repas. Il

Fruits secs et fruits à coque

À partir de 5 ans, les fruits à coque (ou fruits oléagineux, comme la pistache, la noix de cajou, la noisette, etc.) ou les fruits séchés (dits «secs», comme les pruneaux, les abricots secs, les raisins secs, etc.) pourront être donnés tels quels, en particulier au moment du petit déjeuner ou du goûter. Très intéressants au niveau énergétique, ils sont riches en minéraux, en acides gras insaturés (oméga-3 et oméga-6) et en vitamines. De fait, ils sont une bonne alternative aux gâteaux traditionnels.

a faim ? Tant pis, il attendra le repas suivant et il s'en remettra.

Le risque qu'il y a à le forcer est non seulement d'entrer en conflit, mais aussi que votre enfant trouve là un moyen d'attirer votre attention (il vaut mieux alors que ce soit dans une situation positive).

Un autre risque, quand c'est le cas, est de lui donner la mauvaise habitude de terminer son assiette alors qu'il est arrivé à satiété. Ne vaut-il pas mieux lui apprendre à savoir écouter son corps et ses besoins, et ne pas trop remplir son assiette ?

Pour essayer de faire au mieux lors de cette période plus difficile, vous pouvez laisser courir votre imagination et proposer à votre enfant des assiettes pleines de peps et de créativité ! Des petits légumes formant un visage, une purée et sa sauce transformées en volcan, etc. Tout est permis ! Amusez-vous avec les formes, les couleurs, les textures : votre enfant est comme vous, il se lasse vite... Alors proposer des recettes différentes et des compositions ludiques vous aidera à passer les phases où votre petit se montre un peu plus difficile.

Une autre bonne façon pour donner à bébé l'envie et le plaisir de manger, est de cuisiner avec lui. Vous pourrez prendre l'habitude de l'installer à côté de vous pendant que vous préparez le repas ; lui faire goûter un ingrédient, lui donner un petit récipient et une cuillère pour jouer le distrairont et lui apprendront le plaisir de cuisiner et de manger tous les jours des produits variés.

Alors oui, il y a un peu de pression dans cette diversification alimentaire, mais ce qu'il faut avant tout retenir, c'est que ce qui se joue pour votre enfant est surtout la Découverte avec un grand D : la découverte du goût bien sûr, des saveurs aussi, mais également le plaisir de cuisiner, de partager, de se mettre à table, de créer, d'inventer !

Je vous souhaite donc le partage d'une très belle aventure gustative et pleine de formidables découvertes pour vous et votre petite merveille !

Les recettes gourmandes

Afin d'illustrer maintenant la théorie, vous trouverez ici quelques recettes simples et sans prétention. Une cuisine familiale et parfois un peu plus originale qui, je l'espère, ravira les papilles de votre petit. Cela dit, rien ne vous empêche de goûter, voire de partager.

Les basiques

Simple purée de panais

Dès 4 mois

Le panais est l'un de ces légumes dits « oubliés » qui retrouvent une place d'honneur dans nos paniers. Ce proche cousin de la carotte est un légume racine au goût délicieusement sucré qui en fait un aliment de choix pour le début de la diversification alimentaire.

Ingrédients pour 100 g

100 g de panais
3 cuillerées à soupe de lait infantile reconstitué (1 mesure de lait en poudre pour 30 ml d'eau)
1 petite noisette de beurre (5 g)

Préparation

1 Lavez, épluchez et découpez le panais en petits dés.

2 Faites cuire le panais à la vapeur pendant 20 min.

3 Une fois la cuisson terminée, déposez les cubes de panais dans le bol du mixeur avec le lait et le beurre, puis mixez le tout.

Variante

Cette purée peut se décliner à l'infini et se révèle parfaite pour les premières purées de bébé. Carotte, pomme de terre, courgette, haricot vert, etc., sont les premiers légumes idéaux. N'hésitez pas à varier les saveurs et les couleurs !

Petite astuce

Cette première purée de panais peut se transformer en potage. Diluez-la dans un demi-biberon de lait, et le tour est joué.

Mousse de fenouil

Dès 4 mois

Le puissant goût du fenouil est absorbé par la pomme de terre, qui laisse alors diffuser un doux arôme d'anis dans la purée. Cette recette est un moyen simple et rapide pour varier de la purée de pomme de terre classique.

Ingrédients pour 100 g

80 g de fenouil
50 g de pomme de terre
10 g d'oignon
10 g de beurre

Préparation

1 Découpez la pomme de terre, le fenouil et l'oignon en petits dés.

2 Dans une casserole à fond épais, faites fondre les oignons dans un fond d'eau.

3 Ajoutez les dés de pomme de terre et de fenouil, et un fond d'eau s'il n'y en a plus au fond de la casserole.

4 Couvrez et laissez mijoter à feu moyen 15 min, puis à feu doux encore 15 min, en remuant régulièrement.

5 Ajoutez le beurre et mixez ensuite la préparation dans un moulin, ou écrasez à la fourchette, selon la texture que vous souhaitez obtenir.

Petite astuce

Vous pouvez réaliser cette recette à l'aide du cuit-vapeur pour bébé du type Nutribaby®. Veillez simplement à ajouter le beurre avant de mixer.

Purée d'automne

Dès 4 mois

Ingrédients pour 100 g

50 g de potiron
50 g de courge butternut
50 g de potimarron
2 cuillerées à soupe de jus de clémentine
5 g de beurre
1 toute petite pincée de cumin

Préparation

1 Épluchez, lavez et découpez en petits dés le potiron et le butternut.

2 Faites cuire ensemble ces légumes à la vapeur pendant 15 min.

3 Pendant ce temps, épluchez une clémentine. Entaillez la peau des quartiers pour récupérer la pulpe. Mixez-la et réservez-en 2 cuillerées à soupe dans un bol.

4 À la fin de la cuisson, mixez les légumes avec le jus de clémentine, 2 cuillerées à soupe d'eau de cuisson, le beurre et le cumin.

Variante

Après 15 mois, cette purée pourra s'agrémenter d'un peu de marrons, qui la rendront encore plus gourmande ! C'est très simple : ajoutez 20 g de marrons cuits (en conserve) lors de la cuisson de vos légumes vapeur, puis mixez le tout !

Petite astuce

Le potiron, le potimarron et le butternut sont des légumes un peu sucrés qui sont parfaits pour le début de l'éveil au goût de bébé.

Simple purée de topinambour

Dès 6 mois

Le topinambour est un légume oublié au goût très proche de celui du fond d'artichaut. Original et riche en fibres, c'est un légume qui mérite de retrouver toute sa place dans nos cuisines.

Pour répondre au besoin en féculents de votre enfant, cette recette peut s'accompagner, au choix, de riz, de pâtes, de semoule, de pommes de terre (mixés ou non selon l'âge de l'enfant).

Ingrédients pour 100 g
100 g de topinambour
9 cl de lait 2e âge reconstitué (3 mesures de lait en poudre pour 90 ml d'eau) ou de lait entier
10 cl d'eau
1 noisette de beurre (5 g)
1 branche de persil frais ou congelé

Préparation

1 Lavez, épluchez et découpez le topinambour en petits dés.

2 Faites cuire le topinambour et le persil dans un bouillon de lait et d'eau, 20 min.

3 Mixez le topinambour et le persil avec la noisette de beurre.

4 Ajustez la texture de la purée avec 1 ou 2 cuillerées à soupe de bouillon de cuisson.

Petite astuce

Une cuisson dans le lait rend les aliments plus tendres au palais.

Céleri-rave et betterave

Dès 6 mois

Cette recette toute simple à préparer fera partie de vos grands classiques ! La betterave donne une jolie couleur violette à votre préparation et sublime le céleri en lui apportant une note sucrée. Vous pouvez la mélanger avec un peu de semoule pour apporter les féculents adéquats. En accompagnement, privilégiez les viandes rouges : le bœuf ou l'agneau, par exemple. À tester pour une assiette tout en couleurs et en saveur !

Ingrédients pour 200 g
100 g de céleri-rave
100 g de betterave
10 g de beurre

Préparation

1 Épluchez le céleri rave et découpez-le en petits dés.

2 Découpez la betterave en petits dés, en faisant très attention à ne pas vous tacher avec le jus !

3 Faites cuire les dés de céleri et de betterave à la vapeur environ 15 min.

4 Une fois le temps écoulé, ajoutez une noix de beurre et un peu d'eau de cuisson, puis mixez jusqu'à obtenir la consistance souhaitée.

Rutabaga, panais et canard

Rutabaga, panais et canard

Dès 6 mois

Ingrédients pour 200 g

100 g de rutabaga
100 g de panais
30 g de cuisse de canard
10 g de beurre

Préparation

1 Lavez, épluchez et découpez les légumes en petits dés.

2 Faites cuire le rutabaga et le panais à la vapeur pendant 15 min.

3 Dégraissez et découpez en petits morceaux le canard.

4 Égouttez les légumes et réservez 4 à 5 cuillerées à soupe de jus de cuisson. Déposez les légumes dans une casserole à fond épais. Ajoutez-y le canard et faites cuire le tout 10 min.

5 Lorsque les légumes et le canard sont fondants, ajoutez le beurre et mixez selon la consistance souhaitée.

Variante

Vous pourrez bien sûr préparer cette recette avec les « cousins » de ces légumes oubliés que sont le navet et la carotte.

Petite astuce

Cette recette se marie à merveille avec une poignée de semoule fine.

Petits pois, chèvre et menthe

Dès 6 mois

Le petit pois mixé a une texture un peu dense. Afin de détendre cette purée, n'hésitez pas à ajouter un peu plus d'eau de cuisson.

Ingrédients pour 200 g

180 g de petits pois
30 g de fromage de chèvre
3 feuilles de menthe
3 cuillerées à soupe de lait entier ou de lait 2e âge

Préparation

1 Faites cuire à la vapeur les petits pois avec la menthe ciselée préalablement lavée, 20 min.

2 Ajoutez le fromage de chèvre, 3 cuillerées à soupe d'eau de cuisson et le lait, puis mixez jusqu'à la consistance souhaitée.

Petite astuce

Le fromage de chèvre et les petits pois s'associent très bien. Vous serez sans doute surpris de constater que les bébés apprécient les fromages au goût prononcé. Vous pouvez ainsi varier cette recette en remplaçant le chèvre par du bleu. Si toutefois vous craignez que le goût du fromage ne soit trop puissant pour bébé, vous pouvez le cuire à la vapeur avec les petits pois pour en adoucir le goût.

Tomate-tapioca

Dès 6 mois

Le tapioca, un dérivé du manioc, est un excellent moyen d'épaissir vos soupes et veloutés. Son pouvoir rassasiant en fait un très bon allié pour les repas du soir de bébé.

Ingrédients pour 100 g

150 g de tomate
30 g de tapioca
1 cuillerée à café d'huile d'olive

Préparation

1 Lavez les tomates. Ébouillantez-les 1 min, puis rafraîchissez-les dans un saladier d'eau froide. Pelez-les et découpez-les en dés.

2 Dans une casserole à fond épais, faites cuire les tomates dans un fond d'eau 5 min.

3 Ajoutez 1 petit verre d'eau et versez le tapioca.

4 Faites cuire le tout 10 min, en remuant de temps en temps.

5 Une fois le tapioca cuit, incorporez l'huile d'olive et mixez selon la consistance souhaitée.

Variante

Cette recette peut se décliner à l'infini, en particulier avec les légumes rendant beaucoup d'eau à la cuisson, comme la courgette ou les épinards.

Petite astuce

Pour une recette plus crémeuse, ajoutez 3 mesures de lait 2e âge en poudre lors de la cuisson du tapioca.

Mousse de courgette, parmesan et basilic

Dès 6 mois

Ingrédients pour 200 g

1 petite pomme de terre (environ 80 g)
200 g de courgette
3 petites feuilles de basilic (ou 2 grandes)
10 g de parmesan râpé

Préparation

1 Découpez la pomme de terre et la courgette en dés ; ciselez le basilic préalablement lavé.

2 Faites cuire d'abord les dés de pomme de terre pendant 5 min à la vapeur, puis ajoutez les dés de courgette et le basilic. Prolongez la cuisson de 10 min.

3 Ajoutez le parmesan.

4 Mixez jusqu'à obtenir la consistance souhaitée.

Variante

Pour varier les plaisirs, vous pouvez aussi utiliser d'autres fromages plus doux (comme l'emmental) ou plus forts (tels que le chèvre ou le bleu), selon les préférences de bébé. Il vous suffit de les râper finement et le tour est joué !

Petites astuces

La courgette étant riche en eau, il n'est pas nécessaire d'en ajouter lorsque vous mixez. Vous pouvez accompagner cette mousse d'une viande comme la dinde ou le poulet. Pour plus de saveur, vous pouvez râper vous-même le parmesan !

Flan de blettes et chèvre

Dès 6 mois

Ingrédients pour 200 g

190 g de blettes
1 cuillerée à soupe de chèvre frais (type Chavroux®)
2 feuilles de menthe
4 gouttes de jus de citron
1 œuf
2 petites cuillerées à soupe de crème fraîche
1 pincée de noix muscade

Préparation

1 Épluchez grossièrement les côtes des blettes. Lavez les feuilles et découpez-les en petits morceaux.

2 Faites cuire les blettes à la vapeur 15 min.

3 Pendant ce temps, vous pouvez préparer le flan: dans un récipient, mélangez l'œuf, la crème fraîche et la noix muscade jusqu'à obtenir une texture lisse.

4 Mixez les blettes avec un peu d'eau de cuisson, puis mélangez-les avec le flan et versez le tout dans un ramequin.

5 Disposez des morceaux de chèvre et les feuilles de menthe, préalablement lavées, par-dessus, puis enfournez le plat pour environ 25 min à thermostat 7 (210 °C).

6 Lorsque le flan commence à gratiner, sortez-le et laissez-le refroidir quelques instants. Assaisonnez de quelques gouttes de citron.

Flan d'épinards

Dès 6 mois

Ingrédients pour 200 g

190 g d'épinards frais ou surgelés
4 gouttes de jus de citron
1 œuf
2 petites cuillerées à soupe de crème fraîche
1 pincée de noix muscade

Préparation

1 Lavez les feuilles d'épinards et découpez-les en petits morceaux. Faites-les cuire 15 min à la vapeur.

2 Pendant ce temps, vous pouvez préparer le flan: dans un récipient, mélangez l'œuf, la crème fraîche et la noix muscade jusqu'à obtenir une texture lisse.

3 Une fois les épinards cuits, mixez-les avec un peu d'eau de cuisson et disposez-les au fond d'un ramequin, puis recouvrez avec le flan. Veillez à laisser un petit espace au-dessus pour que le flan puisse gonfler sans déborder.

4 Enfournez le plat pour environ 25 min à thermostat 7 (210 °C).

5 Lorsque le flan commence à gratiner, sortez-le et laissez-le refroidir quelques instants avant de servir à bébé.

Variante

Vous pouvez remplacer les épinards par des blettes fraîches. La préparation est identique et l'association tout aussi gourmande.

Petite astuce

Pour apporter une note de fraîcheur, assaisonnez au dernier moment de quelques gouttes de jus de citron.

Flan de blettes et chèvre

Purée betterave-maïs

Betterave-maïs

Dès 6 mois

La betterave donne une jolie couleur mauve à votre purée et lui apporte le côté sucré très apprécié par bébé.

Ingrédients pour 150 g

1 betterave de 100 g environ
1 petit épi de maïs (25 g)
10 g de beurre ou huile de colza

Préparation

1 Plongez votre épi de maïs dans l'eau bouillante environ 15 min. Pensez à le tourner de temps en temps pour bien cuire toutes les faces.

2 Pendant ce temps, coupez la betterave en petits dés, en faisant très attention à ne pas vous tacher avec le jus du légume ! Réservez les morceaux.

3 Une fois l'épi cuit, égrenez-le. (Petite astuce : à l'aide d'un couteau, vous pouvez racler les faces de l'épi. Les grains de maïs cuits se détacheront très rapidement.)

4 Faites cuire les dés de betterave et les grains de maïs à la vapeur pendant 10 min.

5 Incorporez un peu de matière grasse (huile ou beurre) et 1 cuillerée à soupe de jus de cuisson. Mixez ensuite jusqu'à obtenir une purée bien lisse !

Petite astuce

Quelques membranes de maïs peuvent subsister après le mixage. Cela habitue bébé à la consistance granuleuse. Cependant, s'il est trop gêné, n'hésitez pas à mixer plus longuement.

Poivron-maïs

Dès 8 mois

Ingrédients pour 100 g

1 poivron bien rouge (environ 75 g)
1 petit épi de maïs (25 g)
1 cuillerée à café d'huile d'olive

Préparation

1 Plongez l'épi de maïs dans l'eau bouillante 15 min. Pensez à le tourner de temps en temps pour bien cuire toutes les faces.

2 Pendant ce temps, découpez le poivron rouge en petits dés.

3 Une fois l'épi cuit, égrenez-le.

4 Faites cuire à la vapeur les grains de maïs avec les dés de poivron pendant 10 min.

5 Ajoutez l'huile d'olive et 1 cuillerée à soupe d'eau de cuisson, puis mixez. Vous obtiendrez une surprenante et délicieuse purée rouge !

Petite astuce

La peau du poivron est peu digeste, l'idéal est donc de l'éplucher. Pour cela, enveloppez votre poivron dans un sachet cuisson (si vous n'en avez pas, un film cuisson fait très bien l'affaire) et mettez-le au four à micro-ondes environ 8 min. Une fois le temps écoulé, sortez-le et laissez-le refroidir quelques instants, puis épluchez-le à la main. La peau s'enlève toute seule !

Haricot, tomate et riz

Dès 6 mois

Ingrédients pour 200 g

120 g de haricots verts
170 g de tomate (ou 1 tomate moyenne)
6 g de riz cru
1 petit oignon blanc
1 cuillerée à café d'huile d'olive

Préparation

1 Pelez et découpez l'oignon et la tomate en petits dés.

2 Dans une casserole à fond épais, faites fondre l'oignon dans un fond d'eau.

3 Ajoutez les haricots, les dés de tomates et un petit fond d'eau, si besoin. Couvrez la casserole et laissez cuire à feu moyen environ 5 min, en remuant régulièrement.

4 Une fois que la tomates a bien rendu son jus, versez le riz et laissez mijoter à feu doux environ 20 min en remuant régulièrement.

5 Lorsque le riz est cuit et les haricots verts bien fondants, incorporez l'huile d'olive et mixez la préparation selon la texture que vous souhaitez obtenir.

Variante

Vous pouvez remplacer le riz par de la semoule. La préparation reste identique !

Petite astuce

Cette préparation s'accompagne de tout type de viande ou de poisson. En mixant la juste part pour bébé, vous pouvez réserver le reste au repas familial, en l'accompagnant d'une petite souris d'agneau, un délice pour les petits et les grands !

Poulet-fenouil

Dès 6 mois

Le fenouil parfume délicatement votre purée et apporte une note de fraîcheur au repas de bébé !

Ingrédients pour 200 g

150 g de courgette
50 g de pomme de terre
30 g de fenouil
30 g de poulet
2 petits oignons blancs
1 pincée de cumin
1 cuillerée à café d'huile de colza

Préparation

1 Découpez la courgette, la pomme de terre, le fenouil, les oignons blancs et le poulet en petits dés.

2 Dans une casserole à fond épais, faites fondre les oignons avec un fond d'eau.

3 Une fois l'oignon fondu, ajoutez les dés de pomme de terre, avec un petit verre d'eau, si besoin. Laissez cuire à feu moyen 5 min.

4 Ajoutez la courgette et le fenouil. Laissez cuire à feu moyen 5 min, couvrez puis laissez mijoter à feu doux encore 10 min, en remuant de temps en temps.

5 Ajoutez le poulet et le cumin, et laissez mijoter encore 7 min.

6 Incorporez l'huile de colza.

Petite astuce

Pour les plus petits, mixez jusqu'à obtenir la consistance souhaitée. Pour les plus grands (vers 10-12 mois), vous pouvez servir directement les morceaux fondants, c'est un régal !

Potiron-curry

Dès 8 mois

Le curry se marie à merveille avec le potiron. Bébé adorera ce petit goût sucré et épicé. Pour accompagner ce plat, vous pouvez servir du blanc de poulet ou un poisson maigre (environ 20 g), finement hachés.

Ingrédients pour 200 g

100 g de potiron
60 g de pomme de terre
1 petit oignon blanc
1 cuillerée à café de curry (pas trop pleine !)
10 g de raisins secs
1 cuillerée à café d'huile de colza (ou de noisette après 12 mois)

Préparation

1 Découpez le potiron, la pomme de terre et l'oignon blanc en petits dés.

2 Dans une casserole à fond épais, faites fondre l'oignon dans un peu d'eau.

3 Ajoutez ensuite les dés de pomme de terre et de potiron, puis recouvrez-les d'eau et laissez cuire environ 20 min à feu moyen en remuant régulièrement. N'hésitez pas à ajouter un peu d'eau si elle s'évapore trop vite.

4 Ajoutez aux légumes cuits la cuillerée de curry et les raisins secs, puis laissez mijoter à feu doux encore 15 min, jusqu'à obtenir une texture bien fondante.

5 Incorporez l'huile avant de mixer la préparation. Servez sans attendre !

Petite astuce

Si votre enfant est assez grand, vous pouvez lui laisser des petits morceaux fondants.

Poulet-fenouil

Lentilles corail-potiron

Purée forestière

Dès 10 mois

Ingrédients pour 200 g

100 g de champignons
50 g d'aubergine
50 g de pomme de terre
1 petit suisse
1 cuillerée à soupe de coulis de tomate bio
1 gousse d'ail frais
1 cuillerée à café d'huile d'olive

Préparation

1 Lavez, épluchez et découpez les légumes.

2 Épluchez la gousse d'ail, enlevez le germe et prélevez une fine lamelle.

3 Faites cuire à la vapeur les champignons, l'aubergine et l'ail pendant 20 min.

4 Déposez dans un blender les légumes cuits, le petit-suisse, le coulis de tomate et l'huile, puis mixez le tout.

Variante

L'été, remplacez le coulis de tomate par la chair d'une tomate fraîche cuite à la vapeur et quelques feuilles de basilic. Leurs parfums réjouiront les papilles de bébé.

Lentilles corail-potiron

Dès 15 mois

Ingrédients pour 200 g

100 g de potiron
50 g de lentilles corail
30 g de fromage de chèvre
3 ou 4 feuilles de coriandre
1 pincée de curcuma

Préparation

1 Rincez les lentilles corail et cuisez-les environ 10 min dans trois à quatre fois leur volume d'eau.

2 Pendant ce temps, coupez le potiron en dés et cuisez-les à la vapeur 15 min.

3 Une fois que tout est cuit, versez les lentilles et le potiron dans une assiette.

4 Ajoutez les feuilles de coriandre ciselées et préalablement lavées, le fromage de chèvre et la pincée de curcuma.

5 Mélangez le tout et dégustez !

Variante

Vous pouvez remplacer le fromage de chèvre par de la crème fraîche. Le goût et la texture seront alors plus doux.

Petite astuce

Les lentilles corail associées à la couleur du potiron donnet à cette purée une douce couleur orangée et sucrée. Vous en trouverez dans votre magasin bio le plus proche ! Ces lentilles sont déjà décortiquées, elles sont donc idéales à mixer, car vous ne trouverez pas de résidus de membranes gênants pour bébé.

Les sucrées

Compote de pomme

Dès 4 mois

Ingrédients pour 200 g
3 pommes

Version lente

1 Pelez les pommes, enlevez les pépins, puis découpez les fruits en dés.

2 Dans une casserole à fond épais, faites revenir les dés à feu doux environ 20 min, avec 1 verre d'eau, jusqu'à obtenir une compote.

3 À l'aide d'un blender, mixez la compote avec 3 ou 4 cuillerées à soupe d'eau de cuisson, selon la texture voulue.

4 Laissez refroidir avant de servir.

Version rapide

1 Pelez les pommes, enlevez les pépins, puis découpez les fruits en dés.

2 Déposez les dés dans le panier du robot pour bébé (type Nutribaby®) et faites-les cuire 10 min.

3 Ajoutez 2 cuillerées à soupe d'eau de cuisson et mixez.

4 Laissez refroidir avant de servir.

Variante

Cette recette peut servir de base pour toutes les compotes, quel que soit le fruit. Selon leur maturité, les fruits sont plus ou moins acides. Si vous trouvez que l'acidité du fruit est trop présente, vous pouvez ajouter une petite dose de sucre (1 ou 2 cuillerées à café).

Petite astuce

Vous pouvez sublimer ces compotes en ajoutant quelques gouttes de jus de citron, une pincée de sucre vanillé ou une pointe de cannelle. Poire, prune, coing, mirabelle, melon, etc., les idées ne manquent pas !

Compote pomme-poire à la cannelle

Dès 4 mois

Ingrédients pour 200 g

3 poires bien mûres
1 pomme
1 orange
1 pincée de cannelle

Version lente

1 Pelez la pomme et les poires, enlevez les pépins, puis découpez les fruits en dés.

2 Dans une casserole à fond épais, faites cuire les dés de pomme et de poire avec 2 cuillerées à soupe d'eau et la pincée de cannelle, jusqu'à obtenir une compotée.

3 Pressez l'orange et récupérez-en 3 cuillerées à soupe. Ajoutez-le à la compote Ajoutez un peu d'eau si nécessaire afin d'obtenir la texture souhaitée.

4 Laissez refroidir avant de servir.

Version rapide

1 Pelez la pomme et les poires, enlevez les pépins, puis découpez les fruits en dés.

2 Déposez les dés de pomme et de poires dans le panier du Babycook®, saupoudrés de la pincée de cannelle.

3 Faites-les cuire 10 min environ.

4 Pressez l'orange et récupérez-en 3 cuillerées à soupe. Ajoutez-le à la compote Ajoutez un peu d'eau si nécessaire pour obtenir la texture souhaitée.

5 Laissez refroidir avant de servir.

Soupe de pêche-verveine et langues-de-chat

Dès 4 mois

Ingrédients pour 150 g

4 pêches jaunes
10 g de sucre en poudre
1/2 gousse de vanille
1 brin de verveine fraîche
2 langues-de-chat

Préparation

1 Portez 20 cl d'eau à ébullition et faites infuser la verveine 10 min.

2 Pelez, dénoyautez et coupez les pêches en dés.

3 Dans une casserole à fond épais, mettez 10 cl d'infusion de verveine, le sucre en poudre, la 1/2 gousse de vanille et portez le tout à ébullition.

4 Retirez la gousse et ajoutez ensuite les dés de pêche. Laissez tiédir jusqu'à obtention d'une compotée. Si nécessaire, vous pouvez ajouter quelques centilitres de verveine infusée.

5 Dans le fond d'une verrine, disposez les langues de chat plus ou moins écrasées, selon l'âge de bébé, et recouvrez de compote.

6 Réservez au frais 2 h avant de servir.

Petites astuces

Pour accentuer le goût de la verveine, vous pouvez en ciseler 1 ou 2 feuilles et les faire infuser avec les pêches pendant qu'elles cuisent.

Pour un dessert plus acidulé, vous pouvez remplacer la vanille par quelques gouttes de jus de citron, à ne verser qu'en fin de préparation.

Semoule de lait et compotée d'abricot

Dès 4 mois

Ingrédients pour 100 g

4 cuillerées à soupe de semoule fine de blé dur
1/4 de litre de lait (2e âge ou entier)
1/2 sachet de sucre vanillé
3 abricots bien mûrs
10 g de sucre en poudre

Préparation

1 Faites bouillir avec précaution le lait avec le sucre vanillé.

2 Retirez la casserole du feu et versez-y la semoule en pluie. Remuez avec une fourchette, puis laissez reposer environ 5 min, jusqu'à ce que la semoule gonfle.

3 Coupez les abricots en dés et faites-les tiédir dans une casserole à fond épais avec 10 g de sucre, jusqu'à obtenir une compotée.

4 Tapissez le fond d'un ramequin avec la compote et recouvrez de 2 cuillerées à soupe de semoule vanillée.

5 Servez tiède.

Variante

Les raisins secs se marient parfaitement avec la semoule de lait : dès 12 mois, vous pouvez remplacer la compotée par environ 10 g de raisins secs.

Petite astuce

Vous pouvez remplacer les abricots par un autre fruit de saison. Avec les fruits rouges, vous obtiendrez une texture plus liquide que vous pourrez utiliser pour napper la semoule.

Crumble aux abricots

Dès 6 mois

Ingrédient pour 100 g

3 abricots
1 biscuit pour bébé type boudoir
1 pincée de cannelle
1 cuillerée à café de sirop d'agave

Préparation

1 Lavez et coupez les abricots en oreillons.

2 Déposez-les dans une casserole à fond épais avec un fond d'eau. Couvrez la casserole et faites mijoter à feu doux environ 15 min, en les écrasant légèrement.

3 Émiettez le biscuit pour bébé (à la main pour des morceaux grossiers, au mixeur pour une texture plus fine).

4 Une fois les abricots cuits, mixez-les légèrement.

5 Rajoutez quelques gouttes de sirop d'agave pour corriger l'acidité, ainsi que la pincée de cannelle afin de relever le goût.

6 Répartissez la purée d'abricot dans un ramequin et recouvrez-la avec le biscuit émietté.

7 Ajoutez un léger filet de sirop d'agave par-dessus et enfournez à 210 °C (thermostat 7) environ 10 min jusqu'à ce que le crumble commence à colorer.

8 Laissez refroidir quelques instants avant de servir, afin de ne pas brûler bébé.

Charlotte poire-choco

Dès 6 mois

Comme nous, bébé apprécie le chocolat. Cependant, ce goûter gourmand et sucré devra être proposé avec modération !

Ingrédients pour 100 g

2 biscuits à la cuillère
1 poire bien mûre
10 g de pépites de chocolat noir

Préparation

1 Émiettez les biscuits, à la main pour des morceaux plus grossiers ou au mixeur pour une texture plus fine.

2 Pelez la poire et découpez-la grossièrement en éliminant le tronc.

3 Faites tiédir les morceaux de poire pendant 5 min dans un fond d'eau, dans une casserole à fond épais.

4 Versez les morceaux de poire et les pépites de chocolat dans le bol du mixeur. Mixez rapidement pour laisser des petits morceaux croquants de pépites.

5 Disposez au fond d'une verrine la poudre de biscuit et recouvrez de votre préparation poire-choco. C'est prêt pour la dégustation !

Variante

Vous pouvez remplacer les pépites de chocolat par des raisins secs. Pensez cependant à les mixer légèrement pour que bébé puisse les mastiquer.

Charlotte poire-choco

Mousse fraise-groseille

Mousse fraise-groseille

Dès 6 mois

Ingrédients pour 200 g

2 petits-suisses
100 g de fraises
100 g de groseilles
1 cuillerée à café de sucre roux

Préparation

1 Lavez et équeutez les fraises, puis mixez-les. Récupérez le jus.

2 Démoulez les petits-suisses et fouettez-les afin de les aérer.

3 Versez le jus de fraises, le sucre et remuez jusqu'à obtenir une texture bien homogène.

4 Placez la préparation dans un petit ramequin et disposez par-dessus les groseilles. Vous pouvez servir !

Variante

Vous pouvez remplacer les fraises par des framboises. Si vous êtes en panne de petits suisses, votre fromage blanc à 40 % de matières grasses sera parfait ! Vous pouvez aussi décliner la recette avec d'autres fruits rouges, ou même des fruits jaunes !

Petite astuce

Ce dessert tout doux permet d'allier fruits et laitage indispensables à un goûter équilibré. Veillez à bien doser le sucre pour que la recette reste équilibrée. Si vos fruits sont bien mûrs, il n'est peut-être pas nécessaire d'en rajouter !

Mousse choco-banane

Dès 6 mois

L'orange apporte un petit côté acidulé qui rend le dessert plus léger. Elle se marie d'ailleurs parfaitement bien au chocolat noir. Un délice ! Ce goûter gourmand doit toutefois rester un peu exceptionnel pour ne pas habituer bébé aux sucreries.

Ingrédients pour 150 g

1 banane de taille moyenne
1 petit-suisse
1 cuillerée à café de pépites de chocolat noir
2 cuillerées à café de jus d'orange frais

Préparation

1 Épluchez la banane et coupez-la en rondelles.

2 Dans une casserole à fond épais, faites revenir les rondelles dans un fond d'eau environ 5 min.

3 Mixez ensuite la banane avec le petit suisse et le jus d'orange.

4 Pour un côté fondant, mixez les pépites de chocolat quand la mousse de banane est encore chaude. Pour un côté plus croquant (et pour les plus grands !), laissez refroidir la mousse avant d'incorporer les pépites de chocolat.

Petite astuce

Si vous n'avez pas de petit-suisse, vous pouvez utiliser du fromage blanc à 40 % de matières grasses. Attention au chocolat au lait, qui est bien plus sucré !

Tapioca au lait

Tapioca au lait

Dès 6 mois

Cette délicieuse recette crémeuse a un bon pouvoir rassasiant. De plus, sa consistance légèrement grumeleuse permet à bébé de s'habituer en douceur aux petits morceaux.

Ingrédients pour 150 g

3 cuillerées à café de tapioca
3 mesures de lait 2e âge en poudre
90 ml d'eau (pour le lait) + 60 ml d'eau (pour le tapioca)
1 pincée de sucre vanillé
3 cuillerées à soupe de compote de pomme

Préparation

1 Faites chauffer 90 ml d'eau jusqu'à ébullition, puis laissez-la refroidir dans un bol.

2 Faites chauffer 60 ml d'eau jusqu'à ébullition, puis baissez à feu doux et jetez-y le tapioca en pluie. Remuez souvent pendant 10 min.

3 Mélangez le lait en poudre et l'eau légèrement refroidie.

4 Ajoutez le tapioca cuit au lait et mélangez le tout avec le sucre vanillé.

5 Ajoutez la compote de pommes.

Variante

Le tapioca au lait peut s'accompagner de toutes les compotes de fruits à votre disposition : pruneaux, pêches, abricots, fruits rouges, etc., se marient à merveille !

Fromage blanc et coulis de melon

Dès 6 mois

Cette recette est idéale pour un goûter équilibré et riche en saveurs.

Ingrédients pour 200 g

2 petits-suisses
150 g de melon
1 ou 2 feuilles de menthe
1 cuillerée à café de sucre

Préparation

1 Épluchez et épépinez le melon et découpez-le en petits dés.

2 Lavez et ciselez les feuilles de menthe.

3 Dans une casserole à fond épais, faites chauffer 10 min à feu doux le melon et la menthe (ajoutez le sucre si le melon n'est pas assez mûr). Pour une texture plus lisse, vous pourrez ajouter un peu d'eau.

4 Mixez la compotée dans un blender.

5 Démoulez les petits-suisses et mélangez-les avec la moitié du coulis de melon.

6 Dans une verrine, versez un peu de coulis puis la préparation de fromage blanc et répétez l'opération deux fois.

7 Réservez au frais.

Variante

Vous pouvez varier les fruits jaunes en utilisant des pêches, des abricots, etc., ou même revisiter la recette avec une association de fruits rouges (cerises, myrtilles, cassis, etc.), ou de fruits exotiques à partir de 12 mois (litchi, mangue, kiwi, goyave, etc.).

Petite astuce

Vous pouvez remplacer les petits-suisses par du fromage blanc à 40 % de matières grasses.

Faisselle à la framboise

Faisselle à la framboise

Dès 6 mois

La texture de la faisselle change de l'habituel petit-suisse. Un régal pour bébé, mais aussi pour vous !

Ingrédients pour 100 g

40 g de faisselle (ou 3 cuillerées à soupe)
100 g de framboises
1 cuillerée à café de sucre
Quelques gouttes de jus de citron

Préparation

1 Dans une casserole, faites chauffer à feu doux les framboises avec le sucre et 1 cuillerée à café d'eau, en remuant régulièrement, jusqu'à obtenir un mélange homogène.

2 Ajoutez quelques gouttes de jus de citron et mixez le tout.

3 Laissez refroidir.

4 Dans un bol, démoulez la faisselle et nappez-la du coulis de framboises. C'est prêt !

Variante

Vous pouvez varier les recettes de coulis avec d'autres fruits rouges ou jaunes. Pour vos plus grands, misez sur un accompagnement de compote avec des morceaux.

Petite astuce

Les framboises peuvent être légèrement acides, veillez alors à bien doser le sucre. Les grains des framboises habituent le palais de bébé à de nouvelles consistances. Cependant, s'il se montre trop gêné, passez le coulis au chinois afin qu'il soit plus lisse.

Compote poire-pruneau

Dès 6 mois

Cette petite compote peut être servie nature ou avec un fromage blanc.

Ingrédients pour 100 g

1 poire bien mûre
1 pruneau

Version lente

1 Pelez la poire et retirez la partie centrale. Découpez-la en petits dés.

2 Dénoyautez le pruneau.

3 Dans une casserole à fond épais, faites cuire la poire et le pruneau dans 2 cuillerées à soupe d'eau. Remuez jusqu'à obtenir la texture d'une compote.

4 Mixez si nécessaire.

5 Laissez refroidir avant de servir.

Version rapide

1 Pelez la poire et retirez la partie centrale. Découpez-la en petits dés.

2 Dénoyautez le pruneau.

3 Faites cuire les dés de poire et le pruneau au Nutribaby® 10 min.

4 Mixez sans ajouter l'eau de cuisson.

Variante

Vous pouvez remplacer la poire par une pomme.

Petite astuce

Pour une compote encore plus savoureuse, parfumez-la d'une pincée de cannelle. Si bébé apprécie le goût du pruneau, vous pouvez en ajouter un à la quantité initiale.

Crème vanille-framboise

Dès 6 mois

Ce dessert comporte un demi-œuf par ramequin, donc veillez à équilibrer l'apport en protéines de votre petit au cours de la journée.

Ingrédients pour 2 ramequins

24 cl de lait 2e âge reconstitué
(soit 7 mesures de poudre pour 210 ml d'eau)
1 œuf
1 cuillerée à soupe de sucre
¼ de gousse de vanille
6 framboises

Préparation

1 Dans une casserole, faites chauffer jusqu'à ébullition le lait, le sucre et la gousse de vanille, préalablement coupée en deux, puis laissez tiédir.

2 Pendant ce temps, battez l'œuf dans un récipient à part.

3 Enlevez la gousse de vanille et incorporez le mélange lait/sucre à l'œuf battu.

4 Répartissez dans deux ramequins et enfournez 20 min au four à 180 °C (thermostat 6). Retirez-les lorsque la crème commence à se colorer légèrement.

5 Mixez les framboises et versez-les sur la crème refroidie.

Variante

Vous pouvez proposer cette crème avec tous les fruits de saison. Quand bébé grandit, vous pouvez le laisser « picorer » lui-même les fruits que vous aurez coupés en morceaux et déposés sur le dessus de la crème.

Traditionnel gâteau moelleux au yaourt

Dès 8 mois

Ingrédients

1 pot de yaourt entier (il sert de mesure pour les autres ingrédients)
1 pot de farine
1/2 pot d'huile de tournesol
1 pot de sucre
1 pot de Maïzena
1 sachet de levure
3 œufs

Préparation

1 Préchauffez le four à 210 °C (thermostat 7).

2 Dans un saladier, mélangez progressivement le yaourt, la farine, l'huile, le sucre, la Maïzena, la levure et les œufs, jusqu'à obtenir une pâte bien homogène et sans grumeaux.

3 Versez la préparation dans un moule en silicone. Avec un moule classique, vous pouvez recouvrir le fond de papier sulfurisé, cela évite de beurrer les parois et assure un démoulage parfait !

4 Mettez le plat au four environ 40 min.

5 Pour vérifier que le gâteau est bien cuit, plongez un couteau en son centre. S'il ressort sec, c'est prêt ! Sinon prolongez encore la cuisson de 5 min.

Petite astuce

Pour plus d'originalité, vous pouvez couper des fruits (rouges ou jaunes) en petits morceaux et les ajouter à la préparation. Ces morceaux de fruits fondants raviront toute la famille !

Gâteau moelleux au yaourt

Smoothie kiwi, pomme et poire

Dès 8 mois

Cette recette toute douce, alliant le lait et les fruits, constitue un goûter parfait ! Vous pouvez en faire profiter toute la famille en variant les quantités.

Ingrédients pour 250 ml

2 kiwis
1/2 pomme
1/2 poire
200 ml de lait entier ou de lait 2e âge reconstitué (6 mesures de lait en poudre pour 180 ml d'eau)
2 ou 3 glaçons pour rafraîchir la préparation
1 cuillerée à soupe de sucre en poudre

Préparation

Découpez les fruits en petits morceaux et mixez-les dans un blender avec le reste des ingrédients. C'est prêt !

Variante

La recette se décline à l'infini selon vos envies et la saison ! Vous pouvez essayer le classique, mais néanmoins, délicieux banane-fraise, banane-abricot ou encore, plus exotique, allier le kiwi à la mangue. Ou alors vous pouvez tout simplement laisser aller votre imagination et créer votre propre smoothie !

Petite astuce

Si vous n'avez plus de lait entier, vous pouvez le remplacer par un yaourt entier.

Tiramisu à la fraise

Dès 8 mois

Ingrédients pour 150 g

100 g de fraises
2 biscuits spéculoos
2 cuillerées à soupe de mascarpone
1 cuillerée à soupe de sirop d'agave (ou de miel à partir de 1 an)
1 feuille de menthe

Préparation

1 Équeutez les fraises et mixez-les grossièrement.

2 Émiettez les spéculoos, à la main pour des plus gros morceaux, au mixeur pour obtenir une poudre plus fine.

3 Dans un récipient, mélangez le mascarpone et le sirop d'agave.

4 Disposez la poudre de spéculoos au fond d'une verrine en en réservant une pincée pour la décoration.

5 Déposez ensuite la purée de fraises.

6 À l'aide d'un siphon, nappez la préparation de mascarpone. Le siphon vous permet d'obtenir une texture plus mousseuse et aérée.

7 Finissez en décorant le mascarpone de la poudre de spéculoos réservée et d'une petite feuille de menthe. Ce dessert simple et rapide plaira à toute la famille !

Petite astuce

Si vous n'avez pas de siphon, bricolez-vous une douille facilement ! Découpez l'angle d'un sachet de congélation (ou tout autre type de sachet alimentaire) et remplissez-le de mascarpone. En pinçant le haut de la poche, vous exercerez une pression à la sortie qui vous permettra de donner du volume à votre crème.

Tiramisu à la fraise

Crumble pomme, banane et kiwi

Crumble pomme, banane et kiwi

Dès 8 mois

Le kiwi et le citron apportent une pointe de fraîcheur à ce crumble, dont l'acidité sera neutralisée par la banane et le sucre roux.

Ingrédients pour 1 ramequin

1 kiwi
1/2 banane
1/2 pomme
2 biscuits pour bébé
1 cuillerée à café de sucre roux
1/2 cuillerée à café de jus de citron

Préparation

1 Préchauffez le four à 180 °C (thermostat 6).

2 Épluchezles fruits et coupez-les en petits morceaux.

3 Dans une casserole à fond épais, faites cuire à feu doux les fruits avec le sucre roux et un fond d'eau, jusqu'à obtenir une compotée. Remuez régulièrement.

4 Émiettez les biscuits.

5 Dans un ramequin, versez la compotée et recouvrez-la de biscuits.

6 Saupoudrez légèrement avec le sucre roux et le jus de citron.

7 Enfournez 15 min à 180 °C (thermostat 6). La préparation est prête quand le biscuit commence à colorer.

8 Servez tiède ou froid.

Petite astuce

Pour les plus grands, vous pouvez éviter de faire une compotée et juste mélanger les dés de fruits au sucre roux. Durant la cuisson, le sucre caramélisera vos fruits tout en douceur.

Soupe fraîche melon-mangue au poivre

Dès 8 mois

Ce dessert épicé vous surprendra. Le poivre relève le goût du melon et sublime la recette. Attention cependant à ne pas en abuser : une toute petite pincée suffit ! La mangue apporte quant à elle de l'onctuosité et de la douceur à la préparation.

Ingrédients pour 200 g

100 g de melon
100 g de mangue
1 cuillerée à café de crème fraîche
1 brin de coriandre
1 petite pincée de poivre

Préparation

1 Épluchez et épépinez le melon, puis coupez grossièrement la chair en morceaux.

2 Épluchez la mangue et coupez grossièrement la chair.

3 Dans une casserole à fond épais, déposez les morceaux de fruits, la coriandre et le poivre avec un fond d'eau. Couvrez et laissez cuire 10 min, en remuant de temps en temps.

4 Mixez la préparation jusqu'à obtenir une texture fluide et laissez refroidir.

5 Incorporez la crème fraîche.

6 Servez frais.

Variante

Vous pouvez adapter cette recette pour vous en ajoutant quelques gouttes de porto, qui se marie parfaitement avec le melon. Attention cependant à ne pas en abuser !

Petite astuce

Pour un jus plus liquide à mettre dans le biberon, ne mettez pas la crème fraîche.

Riz au lait

Dès 10 mois

Pour un goûter équilibré, vous pouvez accompagner le riz au lait d'une compote de poires, qui se marie très bien avec la vanille. Un coulis de fruits rouges peut faire aussi une très belle association.

Ingrédients pour 100 g

50 g de riz rond
¼ de litre de lait 2e âge ou de croissance
10 g de sucre en poudre
10 g de beurre
1/2 sachet de sucre vanillé

Préparation

1 Dans une casserole, mélangez le lait, le sucre et le sucre vanillé, puis portez à ébullition en remuant régulièrement. Attention à la montée rapide du lait.

2 Ajoutez le riz et le beurre dans la préparation et remuez régulièrement pendant environ 30 min, jusqu'à ce que le riz soit bien cuit (n'hésitez pas à goûter pour être sûr !)

3 Versez le riz au lait dans un ramequin et réservez au frais environ 2 heures avant de servir.

Petite astuce

Pour un parfum plus intense, pour pouvez gratter 1/2 gousse de vanille à l'aide d'un couteau et incorporer les grains au lait.

Tarte aux myrtilles revisitée

Dès 12 mois

Ingrédients pour 1 tartelette

100 g de myrtilles
1 cuillerée à café de sucre
30 g de pâte feuilletée
1 cuillerée à soupe de crème fraîche

Préparation

1 Lavez les myrtilles. Dans un bol, mélangez-les avec le sucre et la crème fraîche.

2 Versez la préparation dans un ramequin.

3 Sur du papier sulfurisé, étalez le morceau de pâte feuilletée, de la taille d'un moule à tartelette. Déposez dessus une autre feuille de papier sulfurisé et des lentilles ou des haricots secs qui empêcheront la pâte de gonfler.

4 Mettez le tout au four à 180 °C (thermostat 6) pendant 10 min.

5 Sortez du four le ramequin avec les myrtilles, mais prolongez de 10 min la cuisson de la pâte.

6 À la fin des 10 min, sortez la pâte du four. Laissez-la refroidir quelques instants et émiettez-la.

7 Déposez les miettes de pâte sur les myrtilles, façon crumble.

8 Servez tiède.

Petite astuce

Les myrtilles surgelées font très bien l'affaire si vous n'arrivez pas à en trouver des fraîches. Tout aussi délicieuses, elles vous permettront de faire déguster cette bonne tarte en toute saison.

Tarte aux myrtilles revisitée

Les sucrées-salées

Purée carotte-orange

Dès 4 mois

Cette recette très rapide sublime la simple purée de carottes en y apportant une petite note sucrée. Chaude ou froide, elle est parfaite pour un petit pique-nique improvisé dans le parc.

Ingrédients pour 200 g

200 g de carotte
1/2 orange pressée
1 cuillerée à café d'huile d'olive

Préparation

1 Découpez les carottes en petits dés et faites-les cuire à la vapeur environ 15 min.

2 Une fois la cuisson terminée, ajoutez le jus d'orange, 4 ou 5 cuillerées à soupe d'eau de cuisson, un peu d'huile d'olive et mixez.

À partir de 6 mois, cette purée est idéale avec de la daurade ou du poulet, par exemple.

Variante

Vous pouvez agrémenter cette recette avec des herbes aromatiques telles que le basilic. Dans ce cas, veillez à cuire les feuilles en même temps que les carottes. Vous pouvez améliorer toutes les purées mono-légume par une touche d'agrume et varier les plaisirs de bébé.

Petite astuce

Lorsque la saison arrive, remplacez l'orange par le jus d'une clémentine.

Courgette, banane et citron

Courgette, banane et citron

Dès 4 mois

Le citron apporte de la légèreté à cette purée. La banane et la courgette offrent une association de saveurs surprenante et délicieuse. À partir de 6 mois, vous pouvez l'accompagner de poisson maigre ou de poulet mariné aux épices pour en faire un vrai petit plat créole rien que pour bébé.

Ingrédients pour 100 g

100 g de courgette
70 g de banane (1 banane moyenne)
1 cuillerée à café de citron

Préparation

1 Lavez et pelez la courgette. L'idéal est de ne l'éplucher que partiellement, pour préserver les vitamines contenues dans la peau et pour garder de la couleur.

2 Découpez la courgette en dés et la banane en rondelles.

3 Faites-les cuire à la vapeur 15 min.

4 À la fin de la cuisson, ajoutez la cuillerée à café de citron, 1 ou 2 cuillerées à soupe d'eau de cuisson, puis mixez.

Petite astuce

Vous pouvez associer cette douce purée à une purée de carottes ou d'aubergines.

Mousse coing-courgette

Dès 4 mois

Cette mousse légèrement sucrée est parfaite pour débuter la diversification au goût.

Ingrédients pour 100 g

100 g de courgette
80 g de coing
1 noisette de beurre (5 g)

Préparation

1 Lavez, épluchez (partiellement de préférence) et épépinez la courgette, puis découpez-la en petits dés.

2 Lavez et épluchez soigneusement le coing et découpez-le également en dés.

3 Faites cuire les deux ingrédients ensemble à la vapeur pendant 20 min.

4 Ajoutez le beurre et 2 ou 3 cuillerées à soupe de jus de cuisson, puis mixez selon la consistance souhaitée.

Variante

Cette mousse fonctionne également très bien en associant le coing à de la courge butternut ou u potiron. Cela fait une très bonne purée d'automne. Après 6 mois, vous pouvez ajouter 1 cuillerée à café de sirop d'agave.

Petite astuce

Vous trouverez évidemment plus facilement du coing sur les marchés pendant la saison de récolte, c'est-à-dire vers la mi-octobre.

Purée brocoli-pomme

Dès 6 mois

Pour répondre au besoin en féculents de votre enfant, ajoutez au choix à cette recette du riz, des pâtes, de la semoule, de la pomme de terre ou de la patate douce (mixés ou non selon l'âge de l'enfant). Cette purée se marie à toutes les viandes (poulet, agneau ou bœuf), mais aussi au poisson.

Ingrédients pour 100 g

100 g de brocoli
1/2 pomme
3 cuillerées à soupe de yaourt onctueux (au lait entier ou bulgare)
1 noisette de beurre (5 g)

Préparation

1 Lavez et découpez le brocoli en fleurettes.

2 Épluchez, épépinez et découpez la pomme en petits dés.

3 Faites cuire le brocoli à la vapeur 15 min, puis encore 5 min avec la pomme coupée en petits morceaux.

4 Ensuite, mixez le tout avec le yaourt.

Petite astuce

La pomme adoucit incroyablement le brocoli et fait de cette purée un vrai délice. Vous pouvez également épater votre bébé en déposant une couche de purée dans une assiette et y ajouter un filet de poisson maigre ou de saumon. Une recette originale, équilibrée et très facile à faire !

Mousse de patate douce et banane

Dès 6 mois

Ingrédients pour 100 g

100 g de patate douce
1/2 banane
Quelques gouttes de jus de citron
Quelques gouttes de sirop d'agave (ou 1 cuillerée à café de miel à partir de 1 an)
2 cuillerées à café de crème fraîche épaisse

Préparation

1 Lavez, épluchez et découpez la patate douce en petits dés.

2 Épluchez la banane et découpez-la en rondelles.

3 Faites cuire la patate douce à la vapeur 15 min, puis encore 5 min avec la banane coupée en rondelles.

4 Ajoutez le jus de citron, le sirop d'agave (ou le miel), et 2 cuillerées à soupe de jus de cuisson pour assouplir au besoin.

5 Mixez le tout.

Variante

À partir de 6 mois, une petite portion de blanc de poulet, adaptée à l'âge de bébé, cuit à la vapeur 10 min, rend cette mousse encore meilleure.

Petite astuce

Cette mousse très « sweetie » est surprenante et délicieuse ! Elle est parfaite pour un repas du soir complet.

Mousse de patate douce et banane

Canard à l'orange

Canard à l'orange

Dès 6 mois

Ingrédients pour 200 g

30 g de canard
2 quartiers d'orange
180 g de céleri-rave
1 petit oignon blanc
10 g de beurre

Préparation

1 Retirez la graisse du canard et découpez-le en petits dés.

2 Retirez la peau des quartiers d'orange et découpez-les en morceaux.

3 Épluchez le céleri et l'oignon, puis détaillez-les en petits dés.

4 Faites fondre les oignons avec un fond d'eau, dans une casserole à fond épais.

5 Une fois les oignons cuits, ajoutez le canard et les quartiers d'orange. Laissez cuire le tout, à couvert et à feu doux, environ 20 min.

6 Pendant ce temps, faites cuire les dés de céleri à la vapeur pendant 20 min.

7 Une fois cuits, mélangez-les avec la noix de beurre, le canard et les morceaux d'orange, puis mixez le tout.

Variante

Si vous n'avez pas de céleri-rave dans votre bac de légumes, une simple purée de pomme de terre fera parfaitement l'affaire !

Petite astuce

Le céleri apporte une note parfumée qui accompagne parfaitement le canard à l'orange. Vous pouvez assaisonner le tout avec un peu de poivre pour relever le goût du canard.

Bœuf sucré-salé

Dès 6 mois

Afin d'apporter les féculents indispensables au bon équilibre alimentaire de bébé, cette recette s'alliera très bien à un peu de boulgour ou de riz. La peau de l'aubergine est riche en vitamines, mais parfois trop épaisse et gêne bébé. Si bébé n'aime vraiment pas, n'hésitez pas à l'enlever complètement.

Ingrédients pour 200 g

100 g de banane
150 g d'aubergine
10 g de bœuf, à adapter selon l'âge de bébé
10 g de beurre
Quelques gouttes de jus de citron

Préparation

1 Lavez et épluchez grossièrement l'aubergine et découpez-la en petits dés.

2 Pelez la banane et découpez-la en morceaux.

3 Faites cuire à la vapeur l'aubergine et le bœuf pendant 15 min.

4 Ajoutez la banane et prolongez la cuisson de 5 min.

5 Ajoutez le jus de citron et le jus de cuisson pour assouplir au besoin.

6 Mixez le tout.

Petite astuce

Cette recette est encore plus originale avec des bananes plantains. Il n'est jamais trop tôt pour faire voyager gustativement bébé !

Poulet aux abricots

Dès 6 mois

Vous pouvez tout aussi bien adapter cette recette pour les grands, dont le côté sucré-salé en ravira plus d'un !

Ingrédients pour 200 g

100 g de patate douce
30 g de poulet
4 abricots bien mûrs
1 cuillerée à café de sirop d'agave
(ou de miel à partir de 1 an)
1 brin de coriandre

Préparation

1 Coupez les abricots en oreillons, la patate douce et le poulet en petits dés.

2 Faites cuire ensemble à la vapeur, pendant 10 min, les dés de poulet, les oreillons d'abricots et la coriandre préalablement lavée.

3 Dans une autre casserole à fond épais, faites cuire à couvert les dés de patate douce avec un fond d'eau, 15 min.

4 Mettez dans le bol du mixeur le poulet, les abricots, la coriandre et la patate douce. Ajoutez le sirop d'agave et mixez.

Petite astuce

Lorsque c'est la saison, vous pouvez remplacer les abricots par 5 petites mirabelles bien sucrées. Pour encore plus de saveur, remplacez le poulet par de l'agneau. Succès toujours garanti !

Poire, chèvre et miel

Dès 6 mois

L'association de la poire et du fromage de chèvre est merveilleusement étonnante !

Ingrédients pour 100 g

2 poires bien mûres
30 g de fromage de chèvre doux
(type palet de chèvre frais)
1 cuillerée à café de sirop d'agave
(ou de miel à partir de 1 an)

Préparation

1 Épluchez et épépinez les poires. Découpez-les en petits dés.

2 Dans une casserole à fond épais, faites-les cuire environ 15 min à feu très doux, avec 1 cuillerée à soupe d'eau.

3 Versez la préparation dans le bol d'un mixeur avec le fromage de chèvre doux, un peu de sirop d'agave et 1 ou 2 cuillerées à soupe d'eau de cuisson, puis mixez.

4 Laissez refroidir quelques instants et servez !

Petite astuce

Pour plus de rapidité, vous pouvez cuire la poire dans un cuit-vapeur/mixeur pour bébé. La recette restera tout aussi réussie ! Pour adoucir le goût du fromage de chèvre, vous pouvez le mettre à mijoter avec la poire. En effet, la cuisson en réduit toujours plus le goût.

Topinambour-poire

Dès 6 mois

Cette recette sucrée-salée simple et rapide est un délice ! Son goût surprenant séduit petits et grands ! Dessert ou plat principal, froid ou chaud, à vous de décider.

Le topinambour est un légume peu commun qui a un petit goût d'artichaut. Délicieux et riche en fibres, il mérite de revenir en force dans nos cuisines.

Ingrédients pour 100 g

100 g de topinambour
100 g de poire bien mûre (environ 1 poire moyenne)
1 pincée de cannelle

Préparation

1 Épluchez et coupez le topinambour en petits dés.

2 Épluchez, épépinez la poire et coupez-la en petits dés.

3 Faites cuire à la vapeur les dés de topinambour pendant 15 min, puis ajoutez la poire et prolongez la cuisson de 5 min.

4 Une fois prêts, ajoutez le beurre et mixez la préparation.

5 Ajoutez la pincée de cannelle et mélangez légèrement à la cuillère.

Petite astuce

Vous pouvez ne pas faire cuire la poire et lajouter juste avant de mixer. Son goût sera alors décuplé.

Patate douce, basilic et orange

Dès 6 mois

Le basilic apporte une fraîcheur incroyable à la patate douce !

Ingrédients pour 200 g

200 g de patate douce
2 feuilles de basilic
10 g de beurre
1/2 orange pressée

Préparation

1 Épluchez la patate douce et découpez-la en petits dés.

2 Lavez et ciselez les feuilles de basilic frais.

3 Faites cuire à la vapeur pendant 15 min les dés de patate douce avec le basilic.

4 À la fin de la cuisson, ajoutez-y le jus d'orange, la noix de beurre et mixez. Ajoutez 2 ou 3 cuillerées d'eau de cuisson pour obtenir une purée plus ou moins lisse selon l'âge de bébé.

5 C'est tout simple et c'est prêt !

Variante

Vous pouvez remplacer le basilic par une pincée de cannelle. Vous obtiendrez alors une purée à tendance plus sucrée qui pourrait très bien convenir pour un dessert.

Petite astuce

Veillez toujours à cuire les herbes lorsque vous les utilisez pour les plats de bébé ! Si vous n'avez pas d'orange dans votre panier de fruits, privilégiez les jus d'orange sans sucre ajouté et versez l'équivalent de 3 cuillerées à soupe.

Brocoli et sole au pamplemousse

Dès 6 mois

Ingrédients pour 200 g

150 g de brocoli
40 g de pomme de terre
10 g de filet de sole, à adapter selon l'âge de bébé
1/2 pamplemousse rose
1 cuillerée à soupe de crème fraîche

Préparation

1 Lavez et découpez le brocoli en petites fleurettes.

2 Lavez, épluchez et découpez la pomme de terre en petits dés.

3 Faites cuire la pomme de terre à la vapeur 5 min. Puis ajoutez le brocoli et prolongez la cuisson de 15 min.

4 Faites cuire le filet de sole à la vapeur 10 min à peine. Assurez-vous au préalable que le filet ne contient plus du tout d'arêtes.

5 Découpez et épluchez la moitié d'un pamplemousse rose. Enlevez la membrane et récupérez la pulpe. Mixez-la jusqu'à obtention d'un jus.

6 Dans une assiette, disposez le filet de sole préalablement mixé ou écrasé à la fourchette, et arrosez-le de jus de pamplemousse.

7 Mixez plus ou moins finement le brocoli et la pomme de terre. Servez aussitôt !

Petite astuce

Écraser la purée au presse-purée permet de ne pas libérer l'amidon de la pomme de terre et d'obtenir ainsi une purée plus homogène et moins élastique.

Céleri et pomme granny

Dès 6 mois

Le goût de la pomme granny allié au céleri se dévoile finement et mérite d'être découvert ! Pour apporter de la couleur au plat, vous pouvez le servir avec une petite purée de carottes.

Ingrédients pour 100 g

200 g de céleri branche
100 g de pomme granny
5 g de beurre

Préparation

1 Épluchez et épépinez la pomme. Découpez-la en petits dés.

2 Lavez et découpez le céleri en petits dés.

3 Faites cuire à la vapeur les dés de céleri pendant 5 min, puis ajoutez les dés de pomme et prolongez la cuisson de15 min.

4 Ajoutez le beurre, puis mixez.

Variante

La granny a la particularité d'être moins sucrée et d'avoir plus de tenue pendant la cuisson. Si vous n'en avez pas dans votre corbeille de fruits, vous pouvez utiliser d'autres variétés, comme la golden. Attention cependant à ne pas utiliser une variété trop sucrée, qui pourrait déséquilibrer le goût subtil du céleri branche.

Petite astuce

Il n'est pas nécessaire d'ajouter de l'eau de cuisson pour mixer la préparation. La pomme et le céleri branche en rendent déjà beaucoup !

Brocoli, sole et pamplemousse

Poisson à l'orange et patate douce à la cannelle

Rutabaga à la canadienne

Dès 6 mois

Le rutabaga, aussi appelé navet jaune, est légèrement plus doux que le navet blanc, ce qui lui permet de séduire les papilles des petits.

Ingrédients pour 200 g

150 g de rutabaga
50 g de pomme de terre
1 cuillerée à café de sirop d'érable
1 noisette de beurre (10 g)

Préparation

1 Lavez, épluchez et découpez en petits dés le rutabaga et la pomme de terre.

2 Faites cuire le rutabaga à la vapeur pendant 15 min.

3 Ajoutez les pommes de terre et prolongez la cuisson 15 min.

4 Récupérez 4 cuillerées à soupe de jus de cuisson et mélangez-le avec les légumes, le beurre et le sirop d'érable.

5 Mixez selon la consistance désirée.

Petite astuce

Le rutabaga peut facilement se cuisiner dans un couscous ou un pot-au-feu.

Poisson à l'orange et patate douce à la cannelle

Dès 6 mois

Ingrédients pour 200 g

10 g de filet de poisson maigre (lieu ou cabillaud), puis adapter selon l'âge de bébé
1/2 orange
100 g de patate douce
50 g de carotte
1 pincée de cannelle
1 noisette de beurre (10 g)

Préparation

1 Lavez, épluchez et découpez en petits dés la patate douce et la carotte.

2 Faites-les cuire à la vapeur 15 min.

3 Ajoutez la pincée de cannelle, le beurre et 4 cuillerées à soupe de jus de cuisson. Mixez le tout selon la consistance désirée.

4 Pelez l'orange et ouvrez les quartiers pour récupérer la pulpe.

5 Assurez-vous que le poisson est exempt de toute arête.

6 Déposez le poisson et la pulpe d'orange dans le panier du cuit-vapeur et faites-les cuire 10 min.

7 À la fin de la cuisson, mettez de côté le poisson et jetez l'eau de cuisson. Mixez la pulpe d'orange.

8 Présentez dans une assiette le filet de poisson plus ou moins émietté, selon l'âge de bébé, et la purée de patate douce. Arrosez le poisson d'un filet de jus d'orange et servez.

Variante

Cette recette se réalise aussi très bien avec de la viande blanche (poulet ou dinde).

La pêche aux canards

La pêche aux canards

Dès 10 mois

Ingrédients pour 200 g

30 g de canard sans peau, puis selon l'âge de bébé
1 pêche
10 g de semoule
10 g de beurre

Préparation

1 Dégraissez le canard.

2 Épluchez et dénoyautez la pêche. Coupez-la en petits dés.

3 Faites revenir le canard dans une poêle avec les dés de pêche 5 min, en remuant régulièrement, puis réservez.

4 Faites bouillir dans une casserole 10 cl d'eau. À ébullition, posez la casserole hors du feu et jetez-y la semoule en pluie.

5 Remuez la semoule à la fourchette, puis recouvrez 5 min pour laisser gonfler les grains.

6 Ajoutez le beurre et mélangez à nouveau.

7 Mixez le mélange canard-pêche selon la texture souhaitée et dressez-le à côté de la semoule.

Variante

Vous pouvez remplacer la pêche par 2 petits abricots ou des mirabelles bien sucrées selon la saison.

Petite astuce

Ce plat sucré-salé sera un ravissement pour bébé. Vous pouvez le décliner en version adulte avec un magret de canard entier ! Pour bébé, privilégiez le magret dégraissé plutôt que la cuisse confite, qui reste beaucoup plus grasse.

Volaille au pamplemousse, purée de patate douce et kiwi

Dès 12 mois

Cette recette originale saura agréablement surprendre bébé. Les petits grains de kiwi apportent une nouvelle consistance qui permet de varier les plaisirs.

Ingrédients pour 200 g

40 g d'escalope de poulet
1/2 pamplemousse rose
100 g de patate douce
50 g de carotte
1 kiwi
1 cuillerée à soupe de yaourt entier ou bulgare

Préparation

1 Découpez le poulet en dés et faites-le cuire à la vapeur.

2 Lavez, épluchez et découpez en petits dés la carotte et la patate douce.

3 Épluchez le kiwi et enlevez la partie centrale plus dure. Découpez-le en morceaux.

4 Faites cuire la carotte et la patate douce à la vapeur pendant 5 min, puis ajoutez le kiwi et prolongez la cuisson de 10 min.

5 Ajoutez le yaourt et 4 cuillerées à soupe de jus de cuisson. Mixez la purée selon la consistance souhaitée.

6 Découpez le 1/2 pamplemousse et épluchez-le. Enlevez la membrane et récupérez la pulpe pour la mixer.

7 Mixez le poulet et arrosez-le du jus de pamplemousse.

8 Dans une assiette, présentez le poulet et la purée plus ou moins mixés, selon l'âge de bébé.

Carotte-ananas

Dès 12 mois

Cette purée salée-sucrée se prépare rapidement. L'annas apporte une pointe d'exotisme à une banale purée de carotte.

Ingrédients pour 200 g

160 g de carotte
70 g d'ananas
1 cuillerée à soupe de crème fraîche
1 pincée de cumin

Préparation

1 Épluchez, lavez les carottes et découpez-les en dés.

2 Épluchez soigneusement l'ananas et découpez une portion en dés, en prenant soin de retirer le tronc un peu plus dur.

3 Faites cuire à la vapeur les dés de carotte et d'ananas pendant 20 min environ.

4 Ajoutez 2 cuillerées à soupe de jus de cuisson, puis mixez la préparation et réservez-la au frais.

5 Une fois la purée bien refroidie, ajoutez la crème fraîche ainsi que la pincée de cumin.

Variante

Cette purée peut tout aussi bien être servie froide que chaude ! À vous d'observer ce que bébé préfère !

Petite astuce

Si vous n'avez pas d'ananas frais, vous pouvez utiliser des tranches d'ananas au sirop. Égouttez-les soigneusement. Attention, car ce type de préparation contient toujours plus de sucre.

Dinde à l'ananas

Dès 12 mois

Ingrédients pour 200 g

40 g d'escalope de dinde
50 g d'ananas
50 g de panais
6 g de riz cru
1 cuillerée à soupe de crème fraîche

Préparation

1 Découpez la dinde en petits dés.

2 Lavez, épluchez et découpez le panais et l'ananas en petits dés, en prenant soin de retirer le tronc dur.

3 Faites cuire les dés de dinde à la vapeur.

4 Dans une casserole à fond épais, et sur feu doux, faites cuire les dés d'ananas et de panais, avec un peu d'eau. Couvrez et laissez mijoter environ 20 min en remuant régulièrement.

5 Pendant ce temps, faites cuire le riz dans deux fois son volume d'eau.

6 Dès que l'ananas a bien caramélisé, ajoutez la cuillerée à soupe de crème fraîche et laissez réduire à feu doux 10 min. Vous pouvez y ajouter le riz une fois que ce dernier est bien cuit.

7 Mixez ensuite la préparation, selon l'âge de bébé.

Variante

Vous pouvez remplacer le panais par de la carotte et la dinde par du poulet.

Petite astuce

Assaisonnez l'ananas avec une pincée de poivre, un délice ! Pour l'adapter version repas adulte, ne mixez rien ! Vous vous régalerez en même temps que bébé.

Dinde à l'ananas

Feuilleté pomme-camembert

Dès 15 mois

Ingrédients pour 200 g

¼ de pâte feuilletée (environ 60 g)

Ingrédients pour 1 portion

40 g de fromage type camembert
40 g de pomme granny
1 jaune d'œuf

Préparation

1 Lavez et épluchez la pomme, retirez les pépins et découpez-la en petits dés.

2 Retirez la croûte du camembert et découpez-le en petits dés.

3 Sur un quartier de pâte feuilletée, disposez les dés de fromage et de pomme.

4 Refermez soigneusement la pâte feuilletée afin que tous les interstices soient bien couverts.

5 Badigeonnez votre feuilleté avec un peu de jaune d'œuf.

6 Enfournez le tout à 180 °C (thermostat 6) environ 15 min, en retournant régulièrement votre feuilleté pour qu'il dore bien sur tous les côtés.

7 Au moment de servir, n'hésitez pas à écraser chaque bouchée à la fourchette.

Variante

Vous pouvez utiliser d'autres fromages fondants, comme le chèvre ou le comté. La pomme peut aussi faire place à une petite poire bien mûre !

Petite astuce

Cette recette est parfaite pour vos petits qui grandissent. Mais elle est également très originale pour un apéritif ou une entrée !

Les traditionnelles revisitées

Ratatouille

Dès 4 mois

Ingrédients pour 200 g
80 g de courgette
80 g d'aubergine
80 g de tomate
10 g de riz cru
1 petit oignon
1 cuillerée à café d'huile d'olive

Préparation

1 Coupez en petits dés l'oignon, la tomate, la courgette et l'aubergine.

2 Dans une casserole à fond épais, faites fondre l'oignon dans un peu d'eau.

3 Une fois l'oignon fondu, ajoutez les dés d'aubergine et de courgette. Couvrez et laissez mijoter d'abord à feu moyen, puis à feu doux pendant 15 min, en remuant de temps en temps.

4 Ajoutez les dés de tomate et laissez cuire 5 min à feu doux.

5 Lorsque les légumes sont fondants, versez le riz et laissez cuire à feu doux 15 min, en remuant de temps en temps. Si les dés de tomate n'ont pas rendu assez d'eau pour permettre la cuisson du riz, vous pouvez en ajouter.

6 Incorporez l'huile d'olive. Versez la préparation dans un mixeur et mixez selon la texture que vous souhaitez obtenir.

Petite astuce

Vous pouvez remplacer le riz par du tapioca. La peau de la tomate peut parfois gêner votre enfant. Vous pouvez alors la peler en l'ébouillantant 1 min pour éliminer la membrane.

Gaspacho carotte-menthe

Dès 4 mois

Ingrédients pour 200 g

180 g de carotte
25 g de pomme de terre
2 feuilles de menthe
1 cuillerée à café de crème fraîche

Préparation

1 Lavez, épluchez et découpez les carottes et la pomme de terre en petits dés.

2 Lavez et ciselez les feuilles de menthe.

3 Faites cuire à la vapeur les dés de carotte et de pomme de terre, ainsi que les feuilles de menthe 20 min.

4 Une fois cuits, mixez les légumes et les feuilles de menthe avec un peu d'eau de cuisson. Vous pourrez ajouter de l'eau en fonction de la texture plus ou moins liquide que vous souhaitez obtenir.

5 Placez ensuite votre préparation au frigo au minimum 3 h pour la refroidir.

6 Avant de servir, ajoutez la crème fraîche !

Petite astuce

Si vous avez du mal à faire manger des textures liquides à votre bébé, vous pouvez vous adapter en ajoutant plus ou moins d'eau de cuisson. N'hésitez pas à essayer cette recette pour vous-même lors des chaudes journées d'été, un régal très simple à réaliser !

Risotto champignons-courgette

Dès 4 mois

Ingrédients pour 200 g

150 g de courgette
50 g de riz arborio (ou du riz rond)
80 g de champignon
30 g d'oignon
1 cuillerée à café d'huile d'olive

Préparation

1 Dans une casserole à fond épais, faites fondre l'oignon avec un peu d'eau.

2 Lavez, épluchez et découpez la courgette et les champignons en petits dés.

3 Ajoutez la courgette à l'oignon et laissez cuire environ 10 min à feu moyen, en remuant.

4 Dès que la courgette est fondante, ajoutez les champignons et laisser frémir encore 5 min. La courgette rendant de l'eau, il n'y a normalement pas besoin d'en ajouter.

5 Versez le riz. Une fois qu'il devient translucide, ajoutez progressivement 20 cl d'eau tout en remuant.

6 Une fois toute l'eau absorbée, laissez mijoter quelques instants. Incorporez l'huile d'olive puis mixez la préparation, selon l'âge du bébé.

Petite astuce

À partir de 6 mois, vous pouvez ajouter quelques copeaux de parmesan dans le riz cuit, ce qui rendra ce plat encore plus crémeux et savoureux.

Risotto champignons-courgette

Gratin de courgette et patate douce

Dès 6 mois

Ingrédients pour 200 g

100 g de patate douce
100 g de courgette
21 cl de lait 1er ou 2e âge reconstitué (soit 6 mesures de lait pour 180 ml d'eau)
1 cuillerée à soupe de crème fraîche
10 g de fromage râpé
Poivre, cumin

Préparation

1 Lavez, épluchez et découpez en petits dés la patate douce et la courgette.

2 Dans un bol, mélangez le lait et la crème jusqu'à obtenir une texture homogène.

3 Dans un plat adapté au four, placez les dés de courgette et de patate douce, avant de napper de la préparation avec le lait et la crème mélangés.

4 Ajoutez une pincée de poivre et de cumin.

5 Enfournez 20 min à 180 °C (thermostat 6).

6 Une fois la patate douce bien tendre, saupoudrez de fromage râpé et laissez gratiner encore 5 min jusqu'à ce que le fromage fonde.

7 Mixez le tout (ou écrasez les morceaux à la fourchette si votre enfant est plus grand).

8 Laissez refroidir quelques instants et servez.

Petite astuce

La patate douce apporte une note sucrée à la préparation. Si vous n'en n'avez pas dans votre panier de légumes, vous pouvez utiliser la plus classique pomme de terre.

Moussaka

Dès 6 mois

Ingrédients pour 200 g

1 petit oignon blanc
50 g d'aubergine
35 g de carotte
70 g de tomate
10 g de viande hachée minmum, puis adapter selon l'âge de bébé
1/2 branche de thym
1 cuillerée à café d'huile d'olive
1 Kiri
3 cuillerées à soupe de lait 2e âge
1/2 cuillerée à café de Maïzena

Préparation

1 Lavez, épluchez et découpez en dés les légumes.

2 Dans une casserole à fond épais, faites fondre l'oignon avec un fond d'eau. Ajoutez ensuite les dés d'aubergine et de carotte. Laissez cuire à feu doux 15-20 min avant d'ajouter les dés de tomate et quelques brins de thym.

3 Lorsque la préparation est fondante, ajoutez la viande hachée et laissez cuire à feu très doux 10 min.

4 Incorporez l'huile d'olive et mixez le tout (ou laissez les morceaux fondants si votre enfant est déjà grand), puis dressez dans un petit ramequin.

5 Préparez la béchamel en mélangeant dans un récipient le Kiri, le lait et la Maïzena, jusqu'à obtenir une consistance homogène.

6 Versez la béchamel sur votre préparation et faites gratiner 5 à 8 min au four à 210 °C (thermostat 7).

7 Quand la moussaka commence à dorer, sortez le plat du four et laissez refroidir quelques instants avant de servir.

Lasagnes aux épinards

Dès 6 mois

Cette recette est parfaite pour faire manger des épinards aux plus grands !

Ingrédients pour 200 g

100 g d'épinard
2 feuilles de lasagne
24 cl de lait 2e âge reconstitué (soit 7 mesures de lait pour 210 ml d'eau)
20 g de Maïzena
1 pincée de noix muscade

Préparation

1 Faites cuire les épinards à la vapeur 15 min.

2 Pendant ce temps, dans une casserole à fond épais, faites frémir le lait. À ébullition, baissez le feu et ajoutez la Maïzena et la noix muscade. Mélangez jusqu'à ce que la béchamel épaississe.

3 Dans un plat adapté au four, alternez une feuille de lasagne, les épinards puis la seconde feuille de lasagne.

4 Recouvrez le tout avec la béchamel et enfournez le plat à 180 °C (thermostat 6) environ 20 min.

5 Lorsque la béchamel est bien gratinée, sortez le plat du four et laissez refroidir.

6 Mixez selon la consistance recherchée pour votre bout de chou.

Variante

Mélangez un peu de chèvre et de menthe aux épinards lors de la cuisson. Un délice !

Petite astuce

Pour apporter de la fraîcheur à ce plat, vous pouvez assaisonner de quelques gouttes de jus de citron à la fin de la cuisson des épinards.

Colombo de poulet

Dès 6 mois

Ingrédient pour 200 g

80 g de pomme de terre
150 g de courgette
1 petit oignon (environ 10 g)
10 g de blanc de poulet minimum, puis adapter selon l'âge de bébé
6 cuillerées à café de jus de citron
1 cuillerée à café d'épice colombo
1 cuillerée à café d'huile d'olive

Préparation

1 Faites mariner la viande dans un ramequin en la mélangeant à 3 cuillerées à café de citron et 1 cuillerée à café d'épice colombo.

2 Pendant ce temps, lavez, épluchez et découpez en petits dés la pomme de terre, la courgette, l'oignon.

3 Dans une casserole à fond épais, faites fondre l'oignon dans un peu d'eau.

4 Une fois l'oignon fondu, ajoutez les dés de pomme de terre et recouvrez-les d'eau. Laissez cuire à feu moyen environ 15 min.

5 Lorsque les pommes de terre sont fondantes, incorporez les dés de courgette et laissez mijoter à feu doux environ 15 min. Les courgettes devraient rendre suffisamment d'eau pour la cuisson. Si ce n'est pas le cas, vous pouvez en ajouter un peu.

6 Émincez la viande marinée, puis ajoutez-la dans la casserole et laissez mijoter à feu doux 5 min.

7 Ajoutez 3 cuillerées à café de citron et l'huile d'olive. Mixez la préparation.

Mon premier wok

Mon premier wok

Dès 6 mois

Ingrédients pour 200 g

60 g de courgette
60 g de carotte
60 g de brocoli
60 g de champignons
60 g de haricots plats
15 g de vermicelle de riz
1 petit oignon blanc
10 g de poulet minimum, puis adapter selon l'âge de bébé
1 cuillerée à soupe d'huile de colza

Préparation

1 Dans un wok ou une casserole à fond épais, faites fondre l'oignon dans un peu d'eau.

2 Découpez les légumes et saisissez-les à feu vif 1 à 2 min.

3 Couvrez et laissez mijotez 15 min, à feu moyen, en remuant de temps en temps.

4 Ajoutez le poulet et laissez cuire 5 min supplémentaires.

5 Ajoutez l'huile de colza et mixez la préparation. C'est prêt !

Variante

N'hésitez pas à varier les saveurs en utilisant les légumes que vous avez dans votre panier. Vous pouvez aussi varier les viandes, et utiliser du bœuf ou de l'agneau, par exemple.

Petite astuce

Vous pouvez bien naturellement adapter ce plat aux adultes, il vous suffit simplement de réserver la quantité que vous ne mixerez pas !

Riz à la méditerranéenne

Dès 6 mois

Ingrédients pour 200 g

20 g de riz
1 tomate (environ 100 g)
100 g de courgette
50 g de poivron rouge
à partir de 10 g de thon cuit, puis selon l'âge de bébé
10 cl d'eau
1 cuillerée à café d'huile d'olive

Préparation

1 Lavez, épluchez et découpez la courgette, le poivron et la tomate en dés.

2 Dans une casserole à fond épais, faites fondre ces trois légumes avec un peu d'eau.

3 Laissez cuire à feu doux environ 15 min, en remuant régulièrement.

4 Une fois la courgette fondante, ajoutez le riz et les 10 cl d'eau. Couvrez et laissez gonfler le riz en remuant de temps en temps la préparation.

5 Une fois le riz cuit, ajoutez le thon et l'huile d'olive hors du feu, puis mixez la préparation selon la texture que vous souhaitez obtenir.

Variante

Cette recette se décline selon vos envies et celles de bébé ! Vous pouvez bien évidemment varier les couleurs en utilisant par exemple de la carotte, des poivrons jaunes ou orange. Le thon peut aussi laisser place à un poisson maigre cuit à la vapeur.

Petite astuce

Pour peler facilement le poivron, voir la recette poivron-maïs (p. 50).

Spaghettis à la bolognaise

Dès 6 mois

Selon l'âge de votre enfant, vous pouvez mixer la préparation ou bien lui proposer les morceaux fondants.

Ingrédients pour 200 g

100 g de tomate
60 g de carotte
1 petit champignon (10 g)
10 g de minimum viande hachée de bœuf, puis adapter selon l'âge de bébé
5 g de vermicelles
1 petit oignon
1 pincée d'origan
1 cuillerée à café d'huile d'olive

Préparation

1 Lavez, épluchez et coupez les carotte, tomate, champignon et oignon en petits dés.

2 Dans une casserole à fond épais, faites fondre l'oignon avec un peu d'eau.

3 Ajoutez les carottes, recouvrez-les d'eau et laissez cuire à feu moyen 15 min.

4 Lorsque les carottes sont fondantes, ajoutez les champignons, la viande hachée et laissez mijoter à feu doux 5 min, avec un fond d'eau.

5 Plongez les dés de tomate, la pincée d'origan et laissez mijoter environ 10 min, jusqu'à ce que les tomates aient rendu leur jus.

6 Incorporez les vermicelles et laissez-les cuire à feu doux environ 10 min. Si les tomates n'ont pas rendu assez d'eau, n'hésitez pas à en ajouter un petit verre.

7 Incorporez l'huile d'olive et mélangez.

Brandade de morue

Dès 6 mois

Ingrédients pour 200 g

10 g minimum de morue, puis adapter selon l'âge de bébé
200 g de courgette
50 g de pomme de terre
1 cuillerée à café de crème fraîche

Préparation

1 Pochez le poisson dans un bouillon de légumes ou faites-le cuire à la vapeur 10 min, puis émiettez-le finement.

2 Lavez, épluchez et découpez en petits morceaux la pomme de terre et la courgette.

3 Faites cuire la pomme de terre à la vapeur pendant 5 min, puis ajoutez les courgettes et relancez la cuisson 10 min.

4 Ajoutez 3 cuillerées à soupe d'eau de cuisson et la crème fraîche. Mixez le tout.

5 Mélangez la purée ainsi obtenue et le poisson. Déposez le tout dans un ramequin et enfournez 10 min, à 180 °C (thermostat 6), afin de le gratiner légèrement.

Variante

N'hésitez pas à varier les plaisirs en changeant de légumes et de poisson. Le poisson maigre se prête cependant mieux à cette recette.

Petite astuce

La peau de la courgette est pleine de vitamines. Si vous la frottez énergiquement avec une brosse à légumes, vous n'êtes pas obligé de la peler. Sinon, pelez-la grossièrement en laissant une bande sur deux.

Spaghettis à la bolognaise

LE CREUSET

Hachis potiron-canard

Dès 6 mois

Pour 1 portion

100 g de carotte
10 g minimum de cuisse de canard, puis selon l'âge de bébé
1 cuillerée à soupe de crème fraîche
1 pincée de noix muscade

Préparation

1 Dégraissez la cuisse de canard, découpez-la en petits morceaux et déposez-la dans le fond d'un ramequin.

2 Épluchez, lavez et découpez le potiron et les carottes en petits dés.

3 Faites-les cuire à la vapeur 15 min.

4 Ajoutez 3 cuillerées à soupe d'eau de cuisson, la crème fraîche, la noix muscade et mixez.

5 Recouvrez les morceaux de canard de purée et enfournez 10 min à 180 °C (thermostat 6).

Variante

Ce hachis parmentier est une variante du classique pomme de terre-bœuf. Relevez d'un peu de persil, cette recette fera le régal de bébé.

Petite astuce

Cette recette gourmande est du plus bel effet vous garantit un franc succès lors d'un repas entre amis gourmands. Dégraissez les cuisses de canard en mettant les conserves au bain-marie ; la graisse fondant, il est ainsi très facile de récupérer les cuisses et de les essuyer sur du papier absorbant.

Jardinière de légumes

Dès 6 mois

Ingrédients pour 200 g

1 petit oignon
30 g de petits pois
40 g de haricot
40 g de brocoli
40 g de carotte
30 g de poireau
20 g de navet
1 cuillerée à café d'huile de tournesol

Préparation

1 Lavez, épluchez et découpez les carotte, navet et oignon en petits dés, le brocoli en fleurettes et le poireau en rondelles.

2 Dans une casserole à fond épais, faites fondre l'oignon avec un fond d'eau.

3 Versez-y ensuite tous les autres légumes et laissez cuire à feu doux au moins 20 min en remuant de temps en temps.

4 Dès que les légumes sont cuits, ajoutez l'huile de tournesol et mixez la préparation selon la texture que vous souhaitez obtenir. Ajoutez un peu d'eau si nécessaire.

Variante

Vous pouvez remplacer les carottes par du panais, ou le navet par du topinambour... À vous de jouer selon les envies de bébé !

Petite astuce

Vous pouvez servir cette jardinière avec du bœuf, du veau ou un poisson maigre. Lorsque bébé accepte les morceaux, ce panachage est un régal pour lui permettre de picorer lui-même dans son assiette !

Blanquette de veau version lente

Dès 6 mois

Ingrédients pour 200 g

70 g de carotte
30 g de poireau
30 g de navet (ou 1 petit navet)
30 g de champignons
2 petits oignons blancs
10 g minimum de poitrine de veau, puis adapter selon l'âge de bébé
1 bouquet garni (1 feuille de laurier, 1 petite tige de persil, 3 feuilles de céleri, 1 petite tige de thym, le tout bien ficelé)
12 cl de crème de soja ou de crème fraîche
5 g de Maïzena

Préparation

1 Plongez la viande dans l'eau bouillante et écumez régulièrement. À la reprise de l'ébullition, ajoutez la carotte et le navet coupés en petits morceaux, le poireau émincés et les oignons entiers.

2 Ajoutez le bouquet garni et couvrez. Laissez cuire 1 heure à feu doux, puis sortez la viande et les légumes. Réservez le bouillon.

3 Préparez la sauce blanche en délayant la Maïzena dans 2 cl d'eau froide. Versez-la ensuite dans la moitié de l'eau de cuisson encore chaude. Ajoutez la crème fraîche ou de soja et mélangez.

4 Dans une casserole, faites cuire les champignons avec un peu d'eau pendant 10 min.

5 Mixez, selon l'âge de bébé, la viande et les légumes avec le reste d'eau de cuisson.

6 Nappez de sauce blanche et servez par exemple avec un peu de riz.

Blanquette de veau version rapide

Dès 6 mois

Cette version est un peu moins « goûtue » que la première mais à l'avantage de vous prendre peu de temps en cuisine.

Ingrédients pour 200 g

70 g de carotte
30 g de poireau
30 g de navet (ou 1 petit navet)
30 g de champignons
2 petits oignons blancs
10 g minimum de poitrine de veau, puis adapter selon l'âge de bébé
1 bouquet garni (voir la version lente)
12 cl de crème de soja ou de crème fraîche
5 g de Maïzena

Préparation

1 Lavez, épluchez et découpez les légumes et la viande en petits dés, et placez le tout dans le panier du Nutribaby®, avec le bouquet garni. Faites cuire 15 min.

2 Retirez le bouquet garni et mixez avec la moitié d'eau de cuisson, ou écrasez à la fourchette pour les plus grands. Gardez le reste de l'eau de cuisson pour la sauce blanche.

3 Préparez la sauce blanche en délayant la Maïzena dans 2 cl d'eau froide. Versez-la ensuite dans l'eau de cuisson encore chaude. Ajoutez la crème et mélangez.

4 Nappez votre préparation de cette sauce blanche et servez sans attendre, avec un peu de riz en accompagnement.

Le pot-au-feu

Bœuf bourguignon

Dès 6 mois

Ingrédients pour 200 g

100 g de carotte
50 g de champignons
30 g de pomme de terre
30 g d'oignon
10 g de bœuf minimum, puis adapter selon l'âge de bébé
1 pruneau
1 bouquet garni (voir p. 112)

Version rapide

1 Lavez, épluchez et découpez les légumes. Dénoyautez le pruneau et coupez-le en petits dés. Émincez la viande.

2 Mettez le tout au Nutribaby® et faites cuire 15 min avec le bouquet garni.

3 Retirez le bouquet garni et mixez le tout.

Version lente

4 Lavez et épluchez les légumes. Découpez en dés la carotte, la pomme de terre et le pruneau ; détaillez les champignons en lamelles.

5 Faites fondre les oignons avec un peu d'eau, dans une casserole à fond épais.

6 Ajoutez les légumes et le pruneau, puis le bouquet garni, mouillez si nécessaire avec un peu d'eau. Laissez cuire à feu moyen 20 min.

7 Ajoutez la viande et laissez mijoter à feu doux 10 min.

8 Retirez le bouquet garni, puis mixez la préparation selon la texture que vous souhaitez obtenir.

Petite astuce

Parole de maman parfois étourdie, n'oubliez pas d'enlever le bouquet garni avant de mixer !

Le pot-au-feu

Dès 6 mois

Ingrédient pour 200 g

80 g de carotte
80 g de pomme de terre
1 petit navet (environ 50 g)
50 g de blanc de poireau
20 g de céleri branche
À partir de 10 g de bœuf, puis selon l'âge de bébé
1 petit oignon blanc
1 bouquet garni (voir p. 112)
1 cuillerée à café d'huile d'olive

Version lente

1 Lavez, épluchez et découpez les légumes et la viande en dés.

2 Dans une casserole à fond épais, faites fondre l'oignon avec un fond d'eau.

3 Ajoutez 300 ml d'eau. À ébullition, plongez-y la viande et écumez régulièrement.

4 Versez-y ensuite les dés de légumes et le bouquet garni. Laissez mijoter 1 heure à feu doux.

5 Égouttez la viande et les légumes, puis mixez-les avec 5 cuillerées à soupe de bouillon dont vous aurez retiré le bouquet garni.

Version rapide

1 Faites cuire tous les légumes, le bouquet garni ainsi que la viande simultanément au Nutribaby®.

2 Retirez le bouquet garni, ajoutez l'huile d'olive et 4 à 5 cuillerées à soupe de jus de cuisson. Mixez selon la consistance souhaitée.

Œuf Bénédicte à la florentine

Œuf Bénédicte à la florentine

Dès 12 mois

Cette recette, riche en protéines, s'adresse à des bébés déjà bien expérimentés. Vous ne la proposerez pas plus d'une fois toutes les deux semaines à votre bout de chou. Après 18 mois, vous pouvez utiliser un œuf entier (la préparation sera plus facile). Attention à équilibrer l'apport en protéines sur la journée.

Ingrédients pour 200 g

100 g d'épinards frais
3 cuillerées à soupe de crème fraîche
1 filet de citron
1 œuf extra-frais
3 cuillerées à soupe de vinaigre blanc

Préparation

1 Faites cuire les épinards à la vapeur 15 min.

2 Pendant ce temps, préparez la sauce florentine : faites frémir la crème fraîche ; cassez et séparez 1/2 œuf puis ajoutez-le, cuillerée par cuillerée, à la crème ; mélangez jusqu'à obtention d'une texture lisse. Remettez la préparation sur le feu et réchauffez 3 min en remuant régulièrement. Ajoutez enfin le filet de citron.

3 Dans une casserole, faites bouillir de l'eau avec 3 cuillerées à soupe de vinaigre blanc. Plongez-y le 1/2 œuf restant et tournez-le régulièrement à l'aide de deux cuillères à soupe, afin de le pocher. Laissez-le cuire 3 min.

4 Dressez dans un plat les épinards et l'œuf poché, puis nappez avec la sauce florentine. Laissez gratiner au four 20 min à 180 °C (thermostat 6). Laissez refroidir quelques instants avant de servir.

Mon déjeuner du mercredi

Dès 18 mois

Ingrédients pour 200 g

40 g de foie de veau
200 g de haricots verts
10 g de riz cru
1 cuillerée à café d'huile d'olive

Préparation

1 Faites cuire à la vapeur le foie de veau, ou poêlez-le (à partir de 24 mois). Pour plus de saveur, vous pouvez déglacer la poêle avec un peu de vinaigre balsamique et terminer ensuite la cuisson de la viande. Pour être savoureux et tendre, le foie de veau doit être rosé.

2 Menez à ébullition l'équivalent d'un verre d'eau très légèrement salée et jetez-y le riz. Faites-le cuire 10 min.

3 Équeutez et lavez les haricots verts et découpez-les en deux ou trois selon la longueur.

4 Plongez-les dans de l'eau bouillante et faites-les cuire 10 min. (Pour les plus grands, vous pouvez les poêler avec un peu d'huile d'olive.)

5 Présentez ensuite le tout dans une assiette, en morceaux plus ou moins gros selon l'âge de bébé.

Petite astuce

Incroyable mais vrai ! Ce repas est l'un des déjeuners préférés de mes trois loustics ! Le déglaçage au vinaigre balsamique permet d'apporter une petite note douce très appréciée.

Tajine

Dès 18 mois

Ingrédients pour 200 g

160 g de pois chiche cuits
40 g d'abricot sec
40 g d'agneau haché
1 cuillerée à café d'huile d'olive

Préparation

1 Faites cuire les pois chiches et l'agneau à la vapeur pendant 10 min.

2 Coupez les abricots secs en petits dés.

3 Une fois les pois chiches et l'agneau cuits, ajoutez les dés d'abricots, la moitié de l'eau de cuisson et l'huile d'olive. Mixez jusqu'à obtention de la consistance souhaitée (ajoutez de l'eau de cuisson si nécessaire).

Variantes

Une pointe de jus citron apporte une note acidulée très rafraîchissante. Vous pouvez aussi servir le tajine en morceaux.

Petite astuce

La recette fait intervenir des pois chiches précuits, mais vous pouvez la réaliser à partir de pois chiches crus. Leur préparation demande juste un peu d'anticipation :

4 Faites tremper les pois chiches une nuit entière dans de l'eau froide.

5 Rincez-les et faites-les cuire dans un grand volume d'eau environ 2 heures à la casserole ou 1 heure à la Cocotte-Minute. Pensez à écumer régulièrement.

6 Égouttez-les et mixez-les !

TABLE DES MATIÈRES

Les sucrées-salées

Les traditionnelles revisitées

INDEX DES RECETTES

RECETTES PAR TRANCHE D'ÂGE

Dès 12 mois

Dès 15 mois

Dès 18 mois

Remerciements
Mille mercis à toutes les personnes qui nous ont aidés à réaliser cet ouvrage :
Kelly, efficace et créative,
nos relectrices à l'oeil vif : Marie-Line, Sophie, Hélène, Patricia et Marie-Hélène,
le Dr Marie-Pierre Cordier Collet pour sa validation médicale,
ainsi que nos adorables petits monstres qui sont notre source d'inspiration et de motivation.

Imprimé par Unigraf en Espagne
Pour le compte des éditions Hachette Livre (Marabout)
43, quai de Grenelle – 75905 Paris Cedex 15
Achevé d'imprimer en novembre 2014
ISBN : 978-2-501-09291-3
4144820/02
Dépôt légal : avril 2014